1歳半～5歳

はじめてママとパパでもかんたん

子どもと食べたい
レンチン作りおき

管理栄養士
中村美穂

世界文化社

この一冊で親子でおいしい作りおきがラクにできる！

作りおきおかずがあると、時間に余裕がない日でもおいしくて栄養バランスの良い食卓になります。しかもすべてレンジ加熱でできるので、作るのがとても簡単。本書のレンチンメニューには、暮らしをラクにするメリットがたくさんあります。

POINT 1

30分以内で3品作れる

電子レンジなら加熱中にほかの料理の食材を切ったり、味つけしたりできるので、同時調理もラク。それをいかして、Part1では、段取り良く30分以内で3品作れる献立を紹介しています。

POINT 2

レンジだけでもおいしい工夫が満載

容器に入れる食材の順番や、加熱時のポイントなどを丁寧に解説。レンジ調理だけでも、子どもと大人の食事が同時においしく仕上がります。

POINT 3

レンジだから栄養もキープ

水溶性のビタミンやミネラルは水に溶け出しやすく、加熱により壊れやすい栄養素。レンジ加熱なら少量の水分で加熱でき、短時間で調理できるので、こういった栄養素を残しやすくなります。

チン♪ できたよ～

POINT 4

酒、みりんは不使用！
子どもの味覚を育てる味つけ

本書では子どもが安心して食べられる薄味を基本とし、アルコールを含む酒やみりんは使用していません。素材やだしの味を味わい、味覚を育てる味つけになっています。調味料や油の量を減らせるのもレンジ調理のメリット。糖質、脂質、塩分に配慮したメニューは大人にとっても健康的です。

POINT 5

食べやすく、
噛む力を育てる調理

紹介しているレシピは、幼児食に移行する1歳半〜2歳頃の子でも食べやすい形にし、食感を残しつつ噛み切りやすいかたさにしています。幼児食期に育みたい「噛む力」の発達もサポートします。

POINT 6

ちょいたしアレンジで
大人もおいしい

本書のレシピは大人も一緒に食べられるメニューですが、大人向けに、食べるときにプラスするとおいしいアレンジもご紹介。親子で体調管理をしながら満足感のある食事が楽しめます。

ママ・パパのお悩み別
本書のおすすめページガイド

左ページの写真から選べる♪

まとまった時間で
品数を多く作りたい

part 1

30分以内で3品できる
作りおき献立
（P.29 〜）

スキマ時間で作りたい・
マンネリを解消したい

part 2

メインおかずの作りおき
（P.63 〜）

アレンジ
豊富！

part 3

サブおかずの作りおき
（P.79 〜）

とにかくラクに
一食作りたい

part 4

1品ものの作りおき
（P.95 〜）

野菜嫌い・食が細い子にも
しっかり食べてもらいたい

part 5

おやつの作りおき
（P.109 〜）

30分以内で3品できる！
作りおき献立 × 14日分！

**大人もうれしい
ヘルシーセット①**

➡ P.38

具だくさん汁セット②

➡ P.36

具だくさん汁セット①

➡ P.34

**しっかり食べたい日の
和食セット②**

➡ P.32

**しっかり食べたい日の
和食セット①**

➡ P.30

**レンジでお手軽
煮魚献立①**

➡ P.48

**ボリュームたっぷり
中華風定食②**

➡ P.46

**ボリュームたっぷり
中華風定食①**

➡ P.44

**みんな大好き
洋食セット**

➡ P.42

**大人もうれしい
ヘルシーセット②**

➡ P.40

今日はどれに
しようかな～？

**忙しい日の
混ぜごはんセット**

➡ P.56

**うまみたっぷり
蒸し魚献立②**

➡ P.54

**うまみたっぷり
蒸し魚献立①**

➡ P.52

**レンジでお手軽
煮魚献立②**

➡ P.50

Contents

part 2
そのままでもアレンジでも！
おかずの素で作る
メインおかず

part 1
30分以内でできる！
レンチン作りおき献立

即席！ 前菜レシピ

ごはんのおいしい冷凍＆解凍法

part 5

レンジで簡単！
野菜のおやつ

おいしく作るよ✧

作りおきがないときでもパパッとできる！
市販の冷凍・レトルト食品アレンジ

part 3

【食材別】下ごしらえ食材を
使ってスピードサブおかず

part 4

栄養満点！
一品メニュー

本書の使い方

本書で紹介するレシピの見方と、調理をするうえで
確認しておくことをまとめました。

分量は1食分＝「大人
2人＋子ども1人分」を
基本としています。メ
ニューによっては、「作
りやすい分量」で作る
というものがあります。

食材の切り方は子ども
が食べやすく、加熱し
やすい大きさにしてい
ます。

大人向けや、1歳半〜
2歳向け、おすすめ
のアレンジ方法を紹介
しています。

調理のポイントを紹介
しています。

| 冷蔵 2日 保存期間 | 冷蔵で保存して おける日数の目安 | 3日 冷凍可 | 冷凍できるメニューの 保存日数の目安 |

・本書で紹介するレシピは、基本的に幼児食前期から後期の子ども向け
　の内容です。食べられる大きさやかたさ、量などには個人差があります
　ので、子どもの様子を見ながら食べやすいように加減してください。
・本書のレシピの味つけは幼児に合わせています。離乳食からの移行期
　の1歳代のお子さん用は少し調味料を減らし、大人用は好みで調味
　料、こしょうをたすなど、味つけを調整してください。
・食物アレルギーと診断されたことがある、またはアレルギーの可能性
　がある場合は、医師の指導に基づいて調理してください。
・保存は記載の期間を目安に、早めに食べきってください。特に、夏場
　は目安より早めに食べきるようにしてください。
※保存期間は子ども向けに短く設定しています。調理当日が保存1日目
　です。

・計量は1カップ＝200ml、大さじ 1＝15ml、小さじ1＝5mlです。
・にんじん、玉ねぎなどの野菜は中サイズ、卵はMサイズが基本です。

・野菜を洗う、皮をむく、種を取るなど、材料の下処理は一部省略して
　います。レシピの分量は可食部です。
・だし汁は特に表記のない限り、かつおと昆布のだしです。
・レシピにあるだし汁などの水分量は、使用する電子レンジの機種の違
　いなどにより、途中でたりなくなる場合があります。そのときは水分を
　たしてこがさないようにしてください。
・牛乳は無調整豆乳で代用可能です。
・菜種油は植物油で代用可能です。
・電子レンジは600Wが基準です。加熱時間は、500Wの場合は1.2倍、
　700Wの場合は0.8倍を目安にしてください。それ以外のワット数の
　場合、加熱時間は様子を見て調節してください。必ず電子レンジ対応
　の器を使用し、突然の沸騰などに注意してください。
・加熱時間は目安です。電子レンジの性質、使用する容器や食材の状
　態、温度などによって調理時間は異なります。様子を見ながら加減し
　てください。

前作『1歳半〜5歳 子どもと食べたい作りおきおかず』を多くのみなさまに手に取っていただき、こうして続編をお届けすることができましたことに感謝するばかりです。

この本のお話をいただいたとき、浮かんだテーマは「もう作りおきで疲れない！」。限られた調理時間を効率良く使い、お子さんと一緒においしく楽しく食べて笑顔になる時間が増やせるように、子どもの成長・発達に合わせながら、大人も健康管理ができるような「いっしょごはん」を、電子レンジのみで簡単に作る方法をあれこれ考えました。

私自身、電子レンジを使い始めた頃は「安全なの？ 料理はおいしくできるの？」など疑問がありましたが、使っていくうちに、安全な利用方法や調理のコツもわかってきて、今では電子レンジは毎日の食事作りになくてはならない相棒となりました。もちろん鍋やフライパン、オーブンで作ったほうがおいしいものもありますが、時短や洗い物の少なさ、自分で食べる力を育み、五感を刺激し、自由で豊かな感性を育む機会でもあります。

食材が新鮮なうちに下ごしらえをしたり、おかずを作りおきしておけば、時間がない日でも温めるだけで栄養バランスの良い献立が完成するというのは心強いです。おやあれば、お子さんにちょっとしたお手伝いをしてもらい、一緒に料理をする時間も楽しんでいただけたらうれしいです。

本書では体への負担を軽くし、味覚を育てるために、味つけもより気を配りました。お子さんの食事をきっかけにおうちの方も薄味に慣れ、野菜中心の食生活にシフトできれば、体調の変化を実感していただけるかもしれません。

「食べることは生きる土台を作ること」。特に成長期の子どもにとっては必要な栄養を摂るだけでなく、自分で食べる力を育み、五感を刺激し、自由で豊かな感性を育む機会でもあります。

子どもの成長・発達や食べる意欲には個人差が大きく、食のお悩みもさまざまですが、無理せず、焦らず、気長に進めていきましょう。可能であれば、お子さんにちょっとしたお手伝いをしてもらい、一緒に料理をする時間も楽しんでいただけたらうれしいです。

できるときに、できるだけ。いい意味でいい加減に、適当に、心地よく！ この本がみなさまの食生活やお子さんの食事、子育てを充実させるきっかけになれば幸いです。

著者・中村美穂

幼児食の役割とは?

幼児食とは離乳食完了後の1歳半から5歳くらいまでの食事のことで、大人への食事の移行期間です。まずは幼児食の役割と、食事のポイントをチェックしましょう。

栄養を補う第4の食事
おやつ

基本の
一汁二菜

副菜(サブ)　　　　　　　　　　　　　　主菜(メイン)

主食　　　　　　　　　　　　　　　　　汁物

一汁二菜の栄養バランスの良い食材を基本に、
おやつで子どもの成長に必要な栄養を補います。

丈夫な体と心を育み食事を通して生きる力を学ぶ

幼児期の子どもは離乳食の時期よりも大人に近い食べ物を食べられるようになりますが、噛む力や消化器官などはまだ発達段階。そのため、幼児食はたくさんの食の経験を積み、離乳食から大人と同じ食事への移行期とされています。

この時期は食べ方を学び、噛む力や味覚を育みながら、多くの食べ物や味と出合い、生きる力を身につけていきます。まずは大人と一緒に食卓を囲んで食事の楽しさを体感したり、食べられた達成感を味わったりしながら、「食べたい」という気持ちを引き出すことが大切です。

また、心や体の発達がめざましく、自我が出てくる時期でもあります。順調に食事ができていた子でも突然食べなくなったり、食べムラが出てきたりすることも。しかし、これは成長の一過程であるので、焦らず、これは子どものペースに合わせてサポートしていきましょう。

一汁二菜を基本に栄養バランスの良い献立を意識する

幼児期の子どもは体の成長スピードが早く、活動量も増えるため、バランスの良い食事で適切なエネルギーと栄養素を補給することが大切です。

健やかな体作りに欠かせない栄養素が、下記の5大栄養素。この5つの栄養素がバランス良く摂れる食事の基本は、主食（ごはんなど）、主菜（肉・魚・豆などのメインのおかず）、副菜（野菜やきのこを使ったサブのおかず）、汁物（栄養素と水分を補う）で構成する一汁二菜です。

これをベースに献立を考えると栄養バランスがととのいやすくなります。

幼児期は特に、筋肉や血、骨、歯など体を作るタンパク質やカルシウム、鉄が重要。ビタミン・ミネラルはそれらの吸収や代謝を助けたり、免疫力を高めたりと体内の潤滑油として働くので、野菜やきのこ、豆、海藻類も積極的に摂り入れましょう。

5大栄養素

健康維持に欠かせない栄養素は、炭水化物、脂質、タンパク質、ビタミン、ミネラルの5つで、5大栄養素と呼ばれます。それに加え、水と食物繊維を意識して摂りましょう。主食、主菜、副菜のグループに分けてそれぞれの栄養素の働きを紹介します。

主菜　**主食**

タンパク質
筋肉や細胞の主成分。20種類のアミノ酸に分解され、うち9種類は必須アミノ酸と呼ばれる。タンパク質の多い食品にはビタミン、ミネラルも含まれている。

脂質
体の中で作ることができない必須脂肪酸が含まれており、細胞膜やホルモン、血液の材料になる。魚や良質な植物油を中心に摂ると良い。

炭水化物
エネルギー源。主成分の糖質は消化吸収の効率が良い。砂糖より穀物やいも類を噛んで食べると◎。不足すると集中力低下につながることも。

副菜

水
幼児の体の70％を占める。汗をかく季節は特にこまめに水分を摂取し、代謝バランスをとる必要がある。

食物繊維
炭水化物のうち、体内で消化されない成分。植物性食品に含まれる。体調維持に欠かせない。

ミネラル
体の調子をととのえる栄養素。骨や筋肉を作るカルシウム、塩分排出を促すカリウム、貧血を予防する鉄や銅、味覚を正常に保つ亜鉛など。

ビタミン
体の調子をととのえる栄養素。ビタミンAは皮膚を守り、B群は成長を促し、Cは抵抗力を高め、Dはカルシウムの吸収を促す。

食べ方の段階をチェック

成長とともに「自分で食べたい」という気持ちが芽生え、食べ方も変化します。ここでは食べ方の発達段階を一覧でご紹介します。個人差が大きいので、その子のペースで気長にサポートしていきましょう。

2歳	1歳	9ヵ月頃	時期

① 食べさせてもらう＆手づかみ食べ

離乳食後半になると、自分で食べたいという意欲がアップ。食べ物に手で触れて感触を確かめ、口に入れる「手づかみ食べ」をしつつ、手伝えば、スプーン・フォークを持って口に運ぶこともできます。

> ### つまずきポイント
> 食欲にムラがあり、大人が思うよりも食べなかったり、食べすぎたりすることも。
>
> **⬇ つまずき解消のヒント**
> 「モグモグしようね」「いっぱい食べたね」「今日はちょっとおなかいっぱいかな？」など、声かけで満腹感を意識させてあげましょう。また、生活リズムをととのえることで、自然とおなかがすいて適量を食べるようになることも。

1歳頃から手づかみ食べと並行して、スプーン・フォークを使うようになります。フォークも持ち方は同じですが、スプーンにのせて食べることに慣れてから使うようにします。

> ### つまずきポイント
> 何でも自分でやりたがったり、イヤ！ と反発したりすることも。好奇心旺盛になり、食事中に立ち歩いたり、じっとしていられなかったりすることも多い時期。
>
> **⬇ つまずき解消のヒント**
> かわいく盛りつけて食べる意欲を高めて。キャベツをちぎるなど、お手伝いも自分で食べる力を育みます。

> ### つまずきポイント
> 自我が目覚めることで好き嫌いがハッキリしてきます。料理へのこだわりが強くなり、決まったものしか食べなくなるケースも増えてくる時期。
>
> **⬇ つまずき解消のヒント**
> 無理強いせず、食材の形状や調理法を変えたり、日をおいて食卓に出したり工夫してみましょう。

食べ方の目安

スプーン＆フォークの使い方の変化

手のひら全体で柄を上から握る。最初は食べ物をすくうのが難しいので、反対の手を使ってのせることもある。

大人が手を添えつつ食べ物をすくい、口に運ぶ。フォークは刺す、麺をひっかける動きも練習する。

手づかみ食べの変化

指3本でつまみ、食材を口に入れたら前歯で噛んでひと口分の量にできるようになる。

最初は手のひら全体で食材を握ったり、つぶしたり、手のひらで口に押し込んだりする。

5歳　　**4歳**　　**3歳**

つまずき ポイント

手伝わなくても1人で食べられるようになってくる頃ですが、まだ噛む力は大人より弱い時期。集団生活が本格化し、食べるスピードをまわりと合わせる場面も増えますが、うまくいかずにストレスを感じることも。

⬇ つまずき解消のヒント

根菜類を使ったメニューなど、咀嚼を促すものを取り入れながら噛む力をつけましょう。家では、急かさずにリラックスさせてあげることも大切。

❷ スプーン＆フォークを使う

❸ 箸を使う

スプーンやフォークを使って1人で食事ができるようになったら、子ども用の箸を持たせてみて。最初は上手にできないので、大人が見本を見せながら練習しましょう。

箸の正しい使い方

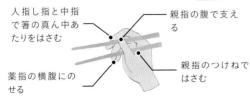

人指し指と中指で箸の真ん中あたりをはさむ

親指の腹で支える

薬指の横腹にのせる

親指のつけねではさむ

上のポイントをおさえながら、大人が見本を見せて持つ。正しく持てるようになったら、開閉して上下の箸先が合うように練習する。

人差し指、親指、中指を使い、鉛筆を持つように握る。この持ち方ができれば箸への移行がスムーズに。

人差し指と親指で柄を上からつまみ、手首を回してすくう練習をする。反対の手で食器をおさえることも大切に。

幼児食で子どもの味覚を育む

幼児期は味覚を形成し、いろいろな食品や味を体験して味覚の幅を広げる時期でもあります。味覚を育むポイントについてご紹介します。

幼児期は味覚形成の真っ只中

人間は「味蕾（みらい）」という細胞で味を判断し、「甘味・塩味・うま味・苦味・酸味」という5種類の味を感じる味覚を持っています。味蕾の細胞数は幼い子ほど多く、味に敏感。そのため、乳幼児期は、素材の味やうまみで十分おいしさを感じられるのです。また、野菜に多い苦味・酸味は本能的に敬遠する味ですが、食べ慣れることで受け入れられるようになります。

個人差はありますが、味覚は3歳頃を目安に急速に形成され、10歳頃には土台が作られるといわれます。幼児期はその真っ只中なので、いろいろな味を体験させてあげ、バランス良く食を楽しむためにも味覚を発達させましょう。

大人と同じだとしょっぱい！

幼児食はだしが大切

だしのうまみが加わることで、薄味でもおいしく感じられます。本書で使用した市販のだしと、天然だしを使った手作りのだし汁をご紹介。

手作り昆布かつおだし

（作りやすい分量）
耐熱容器に水400ml、だし昆布4cm大×2枚、かつお削り節4ｇ（1/2カップほど）を入れ、ふんわりラップをかけて電子レンジで3分ほど加熱し、冷めたらザルでこす。※かつお削り節をペーパータオルで包んで入れれば、こす手間が省けます。

幼児食におすすめのだし

顆粒だし

アミノ酸不使用のものを選んで。食塩が入っている場合は、塩分に注意して調理を。❻和風だしの素、❼鶏ガラスープの素、❽チキンブイヨンの素、❾国産野菜ブイヨンの素、❿昆布だしの素

天然だし

食塩を使用せず、食材そのもののうまみが味わえる。❶花かつお、❷かつお削り節（薄削り）、❸粉末和風だしの素、❹だし昆布、❺だしパック　その他、干ししいたけや煮干しなどもある。

14

素材の味をいかした薄味で子どもの味覚を育てる

子どもの体に負担をかけずに味覚を育てていくためには、だしのうまみや食材の味をいかし、塩分は大人の味の半分ほどを目安にすると良いといわれています。た
だし、食事量も大人の半分であれば摂取する食塩も半量になるので、大人が「薄味でもおいしい」と感じる程度の味つけであれば一緒で良い場合も。左の表にあるように、1〜2歳の1日の食塩摂取量の目安は、成人女性の約半分。この量を超えないように意識し、味つけをしなく

ても子どもが食べられるものはそのままにするなど、適宜使い分けて、無理なくおいしく食べることを大切にしましょう。大人も一緒に減塩を心がけることは、不調の改善や病気の予防につながります。
本書では、塩分や糖分の量を料理の材料の重量に対するパーセントで表す「調味パーセント」や、1食の食塩目標量を目安に、一般的に大人がおいしいと感じる塩分濃度（1％前後）より低い調味パーセント（約0・7％以下）の薄味にしています。これが幼児には適した味つけです。
同様に、味覚や体調に影響を与えやすい砂糖や油脂の量も控えめにしているので、ふだんの調理にも参考にしてください。

日本人の食事摂取基準（2020年版）「1日あたりの塩分摂取量の目標」

1〜2歳 … **3.0** g 未満
3〜5歳 … **3.5** g 未満
18歳以上 女性 … **6.5** g 未満
18歳以上 男性 … **7.5** g 未満

※日本人の大人の塩分摂取量の平均は約10g

調味パーセントの出し方（塩分）

$$\frac{調味料の食塩相当量（g）}{食材、水の量（g）} \times 100$$

基本調味料の食塩相当量の目安

塩 小さじ1（5〜6g）
　… 食塩相当量5〜6g
しょうゆ 小さじ1（6g）… 0.8〜0.9g
みそ 小さじ1（6g）… 0.7g
トマトケチャップ 小さじ1（6g）… 0.2g
マヨネーズ 小さじ1（4〜5g）… 0.1g

［ すまし汁で子ども向けの味を体感しよう ］

基本のすまし汁

（塩分約0.5％）

材料と作り方

1. P.14を参考に「手作り昆布かつおだし」を作る。
2. 耐熱ボウルにだし汁300ml、白菜（小さくちぎる）約60g、おつゆ麩8個を入れて電子レンジで2分ほど加熱する。
3. しょうゆ小さじ1/2（3g）、塩小さじ1/4（1.5g）を加えて混ぜる。

memo

しょうゆ3gには約0.4gの食塩が含まれるので、おおよその調味パーセント＝(0.4+1.5)/(300+60)×100＝0.5%（端数切捨て）です。
例えば大人向けに塩を小さじ1/3（2g）に増やすと、約0.7%になります。

👍 Point

・だしは薄めにとります。
・しょうゆで色と香りをつけ、食塩で調整すると素材の味をいかした、きれいで薄味の汁物になります。

幼児食で噛む力を育む

よく噛んで食べることには、さまざまなメリットがあります。幼児期に噛む力を育み、よく噛んで食べる習慣をつけることでいろいろなものをおいしく食べられるようになり、健やかな成長につながります。

1 歳半頃

上下の前歯8本がそろい
第一乳臼歯が生えてくる

前歯で食べ物をかじり取り、食べ物の大きさやかたさを感じとれるようになる。第一乳臼歯（奥歯）も生え始めるが、上下がそろわないうちは歯ぐきで押しつぶして食べる。

3 歳頃

20本の乳歯が
生えそろう

乳歯がすべて生えそろう。まだ噛む力は弱いが、大人と同じように奥歯で噛めるようになるので、さまざまなかたさや大きさの食べ物が食べられるようになる。

よく噛んで食べる習慣を身につけよう

発育には個人差がありますが、幼児食が始まる1歳半頃には奥歯も生えてくるので、食事内容の見直しとともに、よく噛んで食べることも促してあげましょう。

よく噛んで食べることで

・だ液が良く出て消化されやすくなり、効率良く栄養を摂ることができる
・早食いをしにくく肥満予防になる
・あごが発達して歯並びが良くなる
・脳が刺激され、発達を促す

といった、健やかな成長につながります。

歯の本数が増えて丈夫になるにつれてかたいものも食べられるようになりますが、噛む力はゆっくり発達していきます。子どもの噛む力を育てるために、ひと口30回ほどを目安に噛んで食べる習慣をつけるよう促しましょう。ゆっくり食べられるように、食事時間に余裕を持たせることも大切です。

多様な食感を体験し噛む力を育もう

噛む力は、肉や魚、野菜、きのこなど、さまざまな食材を日々の料理に取り入れ、多様な食感を体験することで育まれます。

いろいろな食感を摂るには、ごはん、主菜、副菜、汁物をそろえた「一汁二菜」の献立がおすすめです。食材のかたさや大きさは子どもの噛む力や成長に合わせて変えていきましょう。1歳半〜2歳頃の子であれば、肉団子程度の歯ぐきで噛めるかたさにし、手づかみ用の棒状や、スプーンにのせやすい、フォークで刺しやすいサイズを目安にしましょう。

実寸大

**1歳半〜2歳頃なら
この大きさが目安!**

4cm

5mm〜1cm

誤嚥(ごえん)・窒息事故防止のために気をつけること

幼児期は食べ物が誤って喉頭と気管に入ってしまったり（誤嚥）、のどに詰まらせて窒息したりする事故が起こりやすいといわれています。食事のときは以下のことに気をつけましょう。

食品のサイズ・かたさ・形状に注意

幼児期はまだ噛む力が弱いので、誤って丸飲みする危険もあります。丸いものはカットし、粘着性が高い食品や噛み切りにくいものは避けて。

こんな食品は注意!

・丸くつるっとしているもの
　（ミニトマト、ぶどう、うずらの卵、飴、ピーナッツ、こんにゃくなど）

※ミニトマトは1/4以下の大きさに切ってから食べる（特に1歳半〜2歳）

・粘着性が高く飲み込みにくいもの
　（もち、団子、パンなど）

・かたくて噛み切りにくいもの
　（いか、肉類、生のにんじんなど）

食事中の行動に気をつける

誤嚥や窒息は、食事中の行動が原因で起こる場合があります。正しい姿勢で集中して食べられるようにテレビは消すなど環境をととのえて。

こんな食べ方を実践しよう!

・食べることに集中させる

・水分でのどを潤してから食べる

・噛む力が入りやすいように、足がイスの足置きや床につくように、イスやテーブルの高さを調整する

・ひと口の量を多くしない

・口の中に食品を入れてしゃべらない

・あおむけに寝た状態や、歩きながら、遊びながら、食べさせない

・食事中に子どもがびっくりするようなことをしない

・急かしたり無理強いをしたりしない

1日に摂りたい
エネルギー量は
約 1000 kcal

大人の半分弱くらいが目安

成長にあった
食事を摂る

幼児期は年齢によって体格や成長スピードに差があるため、食事量は前期（1歳半～2歳頃）と後期（3歳～5歳頃）に分けて考えます。

幼児食前期

1歳半～2歳頃

1日の食事量目安

食事（栄養素）	食品の分類	目安量
主食（炭水化物）	穀類	250～300g（子ども用ごはん茶碗1杯＋8枚切りの食パン1枚＋ゆでうどん1/2玉）
主菜（タンパク質）	卵	25g（1/2個）
	肉	20g（鶏肉から揚げ用カット2/3切れ）
	魚	30g（切り身1/3切れ）
	大豆製品	35g（豆腐1/8丁）
	牛乳・乳製品	200～300g（牛乳コップ1杯＋ヨーグルト1個）
（脂質）	油脂類	8g（植物油小さじ2）
	糖類	10g（砂糖大さじ1）
副菜（ビタミン・ミネラル）	緑黄色野菜	80g（にんじん、ブロッコリー、かぼちゃなど）
	淡色野菜	80～100g（玉ねぎ、キャベツ、大根など）
	海藻・きのこ類	10～15g（わかめ、しめじなど）
	いも類	30～50g（じゃがいも1/3個）
	果物	100g（りんご1/6個＋みかん1個）

「食べたい！」意欲を引き出す工夫を

幼児食前期になると、自我が強くなり、好き嫌いがはっきりしてきて苦手な食材や味つけは食べないことが出てきます。また、好奇心旺盛になり、1人で食べたい気持ちが芽生える時期ですが、上手くいかずに苦戦することも。食べムラや、食事中に食べ物で遊んだり歩き回ったりすることも出てきて1回の食事を完食しないことも増えがちです。

食を通じて成長・発達を促すためにもしっかり食べてほしいところですが、無理強いは逆効果。この時期の食事はほぼ1日の全体でバランスがとれていればよしと考えましょう。そして、「食べたい」という意欲を引き出すために、苦手な食材や料理は少し日をおいてもう一度食卓に出し、大人が食べる様子を見せたり、盛りつけで楽しませたりして気持ちを盛り上げる工夫をしてみましょう。

1歳半 〜 2歳頃の 1日のモデルメニュー

本書で紹介するおかずを使った、2歳頃の1日のメニュー例を紹介します。お子さんの食べる量に合わせて調整してください。

昼

- **ミートローフ**
P.42「ミートローフ」1切れを半分に切って盛る。

- **枝豆入りマッシュポテトサンドイッチ**
食パン(8枚切り)1枚を4等分に切り、2枚にP.42「枝豆入りマッシュポテト」をのせ、食べるときに残りのパンではさむ(ミートローフもはさんでもOK)。

- **ほうれん草コーンスープ**
P.42「ほうれん草コーンスープ」を盛る。

朝

- **しらすとブロッコリーのヨーグルト蒸しパン**
P.117「しらすとブロッコリーのヨーグルト蒸しパン」2切れを半分ずつに切って盛る。

- **ブロッコリーと豆腐ののりあえスープ**
P.91「ブロッコリーと豆腐ののりあえ」を盛り、だし汁をかける。

- **フルーツヨーグルト**
プレーンヨーグルトを盛り、好みのフルーツを切ってのせる。

夜

- **鮭のちゃんちゃん焼き風包み蒸し**
P.52「鮭のちゃんちゃん焼き風包み蒸し」を盛る。

- **かぼちゃのチーズのせ**
P.52「かぼちゃのチーズのせ」を2つ盛る。

- **麩とトマトのスープ**
P.52「麩とトマトのスープ」を盛る。

- **おにぎり**
俵形に握り、ちぎったのりをまぶしたおにぎりを3個盛る。

おやつ

- **蒸しさつまいも**
P.110「蒸しさつまいも」を1.5cm幅程度に切り、2切れ盛る。

- **みかん**
半分に切り、外皮を除いて食べやすい大きさに切って盛る。

- **牛乳**

1日に摂りたい
エネルギー量は

約 **1300** kcal

大人の半分強くらいが目安

1日の食事量目安

食事（栄養素）	食品の分類	目安量
主食（炭水化物）	穀類	300〜350g（子ども用ごはん茶碗1杯強＋6枚切りの食パン1枚＋ゆでうどん2/3玉）
主菜（タンパク質）	卵	35g（2/3個）
	肉	30g（鶏肉から揚げ用カット1切れ）
	魚	40g（切り身1/2切れ）
	大豆製品	40〜45g（豆腐1/6丁）
	牛乳・乳製品	200〜300g（牛乳コップ1杯＋ヨーグルト1個）
（脂質）	油脂類	12g（植物油大さじ1）
	糖類	15g（砂糖大さじ1と1/2）
副菜（ビタミン・ミネラル）	緑黄色野菜	90g（にんじん、ブロッコリー、かぼちゃなど）
	淡色野菜	110g（玉ねぎ、キャベツ、大根など）
	海藻・きのこ類	10〜15g（わかめ、しめじなど）
	いも類	40〜60g（じゃがいも1/2個）
	果物	100〜150g（りんご1/4個＋みかん1個）

成長にあった食事を摂る

幼児食後期

3歳〜5歳頃

活動量が増え食べる量も増えてくる

幼児食後期になると多くの子が保育園や幼稚園に通い、集団生活を送るように。1人で上手に食べられるようになり、友だちと食事をするなど、より食事の楽しさを体感する機会も増えます。

この時期になると胃が成長し、活動量も増えるので、大人の半分強くらいの量を食べられるようになります。幼児食前期に比べて1回の食事量を増やすとともに、おやつも腹持ちが良いものを選ぶようにしましょう。おやつは油脂や砂糖の多い洋菓子やチョコレート類はできるだけ避け、おにぎりやいも類、野菜類、果物、乳製品などにするのがおすすめです。

食べられるものも多くなり、味覚の幅が広がるので、まろやかな酸味のものもおいしいと感じるように。噛む力も発達するので、根菜を使うなど咀嚼を促す料理を積極的に取り入れていきましょう。

3歳 〜 5歳頃の 1日のモデルメニュー

本書で紹介するおかずを使った、4歳頃の1日のメニュー例を紹介します。お子さんの食べる量に合わせて調整してください。

昼

- **豚と玉ねぎのしょうゆ煮丼**
  ごはんを盛り、P.30「豚と玉ねぎのしょうゆ煮」をのせる。

- **大学いも**
  P.30「揚げない大学いも」を盛る。

- **わかめと青菜の煮びたし**
  P.30「わかめと青菜の煮びたし」を汁ごと盛る。

朝

- **卵とじうどん**
  P.67「卵とじ丼」のごはんをゆでうどんに替えて作り、盛る。

- **ブロッコリーチーズのせ**
  P.90「ブロッコリーチーズのせ」を盛る。

- **みかん**
  1個を半分に切って盛る。

夜

- **たらと野菜のオイル蒸し**
  P.54「たらと野菜のオイル蒸し」を盛る。

- **れんこんとちくわのきんぴら**
  P.54「れんこんとちくわのきんぴら」を盛る。

- **油揚げ白菜なめこのみそ汁**
  P.54「油揚げ白菜なめこのみそ汁」を盛る。

- **あみえびのせごはん**
  ごはんを盛り、あみえび(乾燥)をのせる。

おやつ

- **かぼちゃクリームサンド**
  胚芽パン2切れにそれぞれ切り込みを入れ、P.113「かぼちゃクリーム」を入れる。

- **いちご**
  ヘタを取り、3個盛る。

- **牛乳**

幼児食のレンチン調理の基本

電子レンジはマイクロ波によって食品を加熱する調理機器です。
安全においしく作るために、レンジ調理をする前に
確認しておきたい基本事項をまとめました。

調理前に殺菌&
菌を増やさない工夫をする

子どもは細菌に対する抵抗力が弱いので、衛生管理は特に注意。菌を増やさないように、調理の前後は除菌と殺菌を毎回行いましょう。

手を洗う

衛生管理の基本は手洗い。調理前はもちろん、生魚・生肉を触った後は必ず洗いましょう。洗うときは石鹸をつけてから流すまで20秒ほどかけて。

再び手を全体的にこすり、最後に手首まで洗って水で流します。洗い終わったら、清潔なタオルで拭きましょう。

爪の間は手のひらに爪をこすりつけるようにして洗います。あれば爪ブラシを使いましょう。

指の根元から指先に向かって、1本1本ていねいにこすり洗いし、手の甲もしっかり洗います。

手を水で濡らしたら石鹸をつけて手をこすり、しっかり泡立てます。石鹸はたっぷり使って。

まな板を除菌する

まな板のキズの間は汚れが溜まりやすく、菌が繁殖しやすい場所。調理が終わったら漂白剤などで除菌し、よくすすいで乾かしましょう。

食材をしっかり加熱する

加熱することで殺菌されます。特に卵、肉、魚は菌が繁殖しやすいので、レシピの調理時間を目安に、十分に加熱しておきましょう。

調理器具を消毒する

調理前には水気を拭き取った包丁にアルコールスプレーを。刃の部分だけでなく、柄も忘れずに。アルコールが乾燥するときに消毒されます。

レンジ対応の容器を使用する

レンジ加熱は急な温度変化が起こるので、電子レンジ対応の耐熱容器を使用。下記を参考に、家にある適当なものをお使いください。

本書のレシピにおすすめの容器

コンテナでもOK！

本書で紹介するレシピは「大人2人＋子ども1人分×1食」が基本で量がたっぷりなので、大きめのもので複数の形状の耐熱容器を使うと作りやすいです。色やにおいがつきにくく、耐久性があり、中が見えやすい耐熱ガラス容器がおすすめです。

直径20cm × 深さ10cm（容量1.9ℓ）大ほどの深めの耐熱ボウル

汁気の多いスープなどを加熱するときなどに活躍します。深めの容器で加熱すると噴きこぼれにくく安心。

直径20cm 大ほどの平たい耐熱皿

ハンバーグなど、平たく広げて水分を飛ばしながら均一に加熱したいときに便利。

15〜20cm × 20cm × 深さ5cm 大ほどの平たい耐熱容器

炒め物や焼き物など、量や汁気があるものを広げて均一に加熱するときに便利。

15cm × 15cm 大ほどの耐熱容器

小さめの容器は副菜を作るときや、取り分けて保存するときに便利なサイズ。

こんなものはNG！

耐熱性のないものや、アルミなどの金属がついた食器類は電子レンジの故障や事故につながるので避けて。

- アルミや金属のついた食器・容器類
- 木製の食器・容器類
- ホーロー製の食器・容器類

容器のふたも電子レンジ可のものであれば調理にも使えます。ラップは無添加ポリエチレン製のものがおすすめです。

電子レンジ使用時の注意

ワット数を確認する

加熱時間はワット数によって異なります。下の表を参考にしてください。

\ 本書の基準 /

500W（加熱時間を1.2倍に）	600W	700W（加熱時間を0.8倍に）
1分10秒	1分	50秒
2分20秒	2分	1分40秒
3分40秒	3分	2分20秒

加熱後はやけどに注意

加熱した容器は高温です。容器を取り出すときや、ラップやふたを開けるときは蒸気や熱に注意して。

レンジには機種によってクセがある

同じワット数で加熱しても、庫内の広さや、ターンテーブルタイプかフラットタイプかなど、機種によって加熱具合が異なります。

電子レンジの庫内はこまめに掃除を

庫内に汚れがたまると発煙・発火の原因となることがあります。こまめに掃除をしておきましょう。

※電磁波の影響が気になる方は、配置を工夫して電子レンジの前に長時間立たないようにする、市販されている電磁波カットフィルムを貼るなどすると良いでしょう。

おいしいレンジ調理の ポイントをチェック

電子レンジはポイントをおさえれば、よりおいしく安全に調理することができます。レンジ調理を始める前に、チェックしておきましょう。

加熱ムラ・パサつきを防ぐ

肉や魚は野菜の上にのせて加熱

野菜を広げた上に肉や魚をのせて加熱すると、うまみが野菜に行きわたります。上にのせることで肉や魚も加熱されすぎず、ジューシーな仕上がりに。

食材は耐熱容器に広げて加熱する

食材は、基本的には容器に平らに広げます。厚みが均等になることで熱が通りやすくなり、調味料のしみ込み具合も均一に。味ムラや加熱ムラが防げます。

加熱時間を分けて途中で混ぜる

レシピによっては加熱時間を数回に分けています。途中で混ぜたり食材を時間差で加えたりすることで均一に熱が通り、味や加熱ムラができにくくなります。

小さく切るとムラなく加熱がスピーディー

小さめ・薄めにカットして表面積を広げると、熱の通りが早くなります。根菜類などかたい食材もやわらかくなりやすく、小さい子でも食べやすくなります。

混ぜてから余熱で蒸らす

レンジ調理のコツのひとつが余熱の活用。特に肉、魚、いも類は加熱後に混ぜ、再びラップをかけて余熱で蒸らすと、味もしみてしっとり仕上がります。

緑色の野菜は素早く冷ます

熱が通りやすい小松菜やアスパラなどの緑色の野菜は、加熱したらザルにあげて。色止めになるとともに、水切りができるので腐敗予防にも効果的。

落としぶたで味をまんべんなくなじませる

煮びたしや煮物などの煮込み料理は、ペーパータオルで落としぶたをしてからラップをかけて加熱。調味料が行きわたり、味がまんべんなくなじみます。

加熱時は水分をたす

水分を飛ばしたいもの以外は、加熱するときは水や調味料などの水分を加えます。水分が入ることで食材の乾燥を防ぎ、食感や舌触りが良い仕上がりに。

短時間の加熱を繰り返して発煙・発火を防ぐ

電子レンジで水分の少ない食品や少量の食品を加熱するときは、短かい時間で複数回加熱して。加熱時間が長いと発煙・発火することがあるので注意が必要です。

破裂・噴きこぼれを防ぐ

魚の皮はそいでおく

皮をつけたまま加熱すると、熱がこもって破裂することも。皮が厚い魚は皮を下にして包丁の刃を外向きに入れ、そぎ切りしながら皮をそいでおきましょう。

脂が多い肉や卵は短時間ずつ加熱

脂が多い肉や魚、卵などは加熱時に破裂しやすいので、電子レンジに長時間かけるのは危険。様子を見ながら途中で扉を開け、短時間ずつ加熱しましょう。

ラップはふんわり、ふたは軽くのせる

加熱の際、ふたやラップをすき間なくかぶせると、蒸気がたまって破裂する可能性が。ラップはふんわりかけ、ふたはのせる程度にして加熱しましょう。

スープや煮物は鍋調理時より水を減らす

水分が多いと温めるのに時間がかかるため、汁が多い料理を作るときは鍋で煮るときよりも汁気を少なめに。具がやわらかくなったら水分をたして温めると◎。

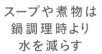

大きめの容器で加熱する

汁気の多いものを加熱するときは深めの耐熱容器を使いましょう。取り出すときは突然の沸騰ややけどに注意して。

下ごしらえでおいしさアップ

鶏肉はそぎ切りでやわらかく仕上げる

かたくなりやすい鶏むね肉や鶏ささみは繊維を断つように斜めに包丁を入れて薄くそぎ切りに。加熱時に肉が縮みにくくなり、やわらかく仕上がります。

豆腐はレンチンで水切りをする

水分が多い豆腐は、他の食材とは別にレンジ加熱しておきましょう。水分と一緒に臭みが抜けて食べやすくなり、調味料が薄まるのを防げます。

玉ねぎは加熱して辛みを抜く

玉ねぎは加熱すると辛みが抜けて甘みが増します。先に加熱して保存しておけば、肉ダネに混ぜたり、スープに加えたりできるので便利です。

正しい方法で
保存・再加熱する

作りおきするときは雑菌を増やさないように、正しい方法で保存・再加熱しましょう。特に気をつけたいポイントをまとめました。

基本

調理した日付と内容を
書いておく

おかずはレシピに記載の保存期間を目安に、できるだけ早めに食べきって。マスキングテープやふせんなどに調理日と内容を書いておくのがおすすめです。

しっかり冷ましてから
冷蔵・冷凍室へ

料理が温かい状態で冷蔵庫へ入れると、水滴がついて菌が繁殖しやすい状態に。別容器に移したり混ぜるなどして素早くしっかり冷ましてからふたをして。

清潔な保存容器・
袋を使う

容器は洗って水気を拭き取り、よく乾かしてから使用して。保存袋は使いきりに。雑菌がついていると、料理が傷みやすくなります。

大きいものは1つずつ
ラップで包む

蒸しパンやおにぎりなど、汁気がなく大きいものは1つずつラップで包んで保存容器や保存袋へ。乾燥を防ぎ、欲しい分だけ取り出しやすいうえに、菌が付着しにくくなります。

ぴったりサイズの
容器に分けて保存する

空きスペースが広いと菌が増えやすいので、食べきりやすい量に分け、満タンにはせず、できるだけぴったりサイズの容器に入れて保存を。再加熱の際は噴きこぼれに注意。

冷蔵保存のコツ

あえ物は野菜の水気を
きってから保存容器へ

野菜は調味料の塩分と合わさると水分が出やすくなります。保存の際は水気をきり、たれやあえ物の調味料などは別にするのが◎。食べるときに合わせれば味がぼやけません。

肉・魚の煮物は
煮汁ごと保存する

肉・魚を使った煮込み料理は冷めるときに味がしみ込むので、汁ごと保存容器に入れて冷蔵室へ入れましょう。汁がこぼれないようにふたつき密閉容器に入れ、安定した場所に置いて。

冷凍保存のコツ

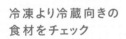

下ゆでした食材は
バラバラにして冷凍

下ごしらえした食材は、食材同士ができるだけくっつかないようにして冷凍室へ。バラバラになっていると、使いたい分量を簡単に取り出せて便利です。

バットを使って
急速冷凍する

鮮度や味を保つポイントは急速冷凍。冷凍用保存袋に入れたら平らにし、アルミ製のバットの上へ。再加熱の際は、解凍して耐熱容器に移します。

素早く冷凍できる
ように薄く広げる

汁気が多いおかずやペースト状のものの冷凍は冷凍用保存袋に入れると便利。薄く広げると場所をとらず、冷凍も早くできるのでおいしさをキープできます。

冷蔵・冷凍時の注意

冷凍より冷蔵向きの
食材をチェック

きゅうり、レタス、なす、豆腐、パスタなどは冷凍すると食感が悪くなるので、冷蔵保存がおすすめ。

冷蔵室は詰めすぎない

冷蔵室は詰めすぎると冷えにくくなります。保存容器は生肉、魚、卵とは入れる場所を分けておきましょう。

冷蔵庫は
清潔な状態をキープ

雑菌が移らないように、冷蔵庫はこまめに掃除し、アルコールスプレーをするなどして清潔を保ちましょう。

煮物も得意だよ！

再加熱のコツ

生肉・生魚は
解凍モードで

調理に使う肉や魚が冷凍の場合は、耐熱皿にのせ、電子レンジの解凍モードで生の状態にしてから使いましょう。オート加熱では熱が通りすぎてしまいます。

使う分を取り分け
ふたやラップをかける

加熱するときは使う分量だけ取り分け、ふんわりラップをかけるか、軽くふたをのせて。水分の蒸発を防ぎ、食材はやわらかく、おいしく仕上がります。

きれいなスプーンや
箸で取り分ける

取り分けるときのスプーンや箸は洗って乾燥させた未使用のものを使って。調理に使用したものなどは雑菌がついている場合があります。

ふりかけやすりごまは
再加熱後に

すりごまやふりかけ、青のりなどは再加熱後に加えて。食べるときに加えるほうが、香りが良くなります。後入れなら気分で風味を変えられる点も◎。

乾きやすいものは
水をふりかけてから

かぼちゃ、いも類、ハンバーグなどは再加熱するときに表面が乾くので、少量の水をふってラップをかけてから電子レンジへ。しっとり食べやすく仕上がります。

スープは水分をたして
加熱する

スープ類は熱の通りを良くするために少なめの水分で調理しています。再加熱するときは好みの量の水やだし汁などをたし、味をみて調味料をたして。

28

part 1

14日分

30分以内でできる!
レンチン作りおき献立

この章では30分以内で1食分の献立を作るレシピを紹介します。調理のときは1品レンジにかけている時間を利用して他の料理の食材を切って準備したり、加熱後の仕上げをしたりすると効率良く作れます。

あたためるだけで晩ごはん

\おまたせ!/

ほかほか

※レシピを2食分まとめて作りたいときは、材料は倍にして2回に分けて加熱してください。

しっかり食べたい日の **和食セット①**

メインおかずは薄切り肉を使ってスピーディーに。大学いもと、かつおの
風味が広がる煮びたしをプラスして野菜がたっぷり食べられる献立にしました。

Ⓐ 豚と玉ねぎのしょうゆ煮

Ⓑ 揚げない大学いも

油少なめ＆
電子レンジですぐ
できる！

Ⓒ わかめと青菜の
煮びたし

Ⓐ メイン

豚と玉ねぎのしょうゆ煮

| 冷蔵 **3日** 保存期間 | ❄ **14日** 冷凍可 |

材料
（大人2人＋子ども1人×1食分）

豚ロース薄切り肉
　（しゃぶしゃぶ用）…180g
玉ねぎ…1/2個（約100g）
Ⓐ 水…大さじ2
　 しょうゆ、菜種油
　　…各小さじ2
　 片栗粉…小さじ1

作り方

1. 玉ねぎは繊維を断つように3cm長さの薄切りにする。豚肉は2cm幅に切る。

2. 耐熱容器に玉ねぎを入れ、豚肉を広げて（写真a）混ぜ合わせたⒶをかけて軽くなじませる。ふんわりラップをかけて電子レンジで4分ほど加熱する。

3. いったん取り出して混ぜ、ふんわりラップをかけてさらに1分ほど加熱する。

・野菜の上に肉を広げることで加熱ムラが防げ、肉のうまみも行きわたります。

・豚肉はⒶで下味をつけてから冷凍しても○K。作るときは解凍してから使ってください。

▷ **Arrange**

Ⓐにしょうが汁少々を加えれば、しょうが焼き風の味つけに。ごはんにのせて豚丼にするのもおすすめです。

Ⓑ サブ

揚げない大学いも

| 冷蔵 **3日** 保存期間 | ❄ **14日** 冷凍可 |

材料
（大人2人＋子ども1人×1食分）

さつまいも（皮つき）…150g
Ⓐ 菜種油 …小さじ1
　 砂糖 ……小さじ1/2
　 しょうゆ…小さじ1/4
黒いりごま …適量

作り方

1. さつまいもは皮つきのまま1cm厚さのいちょう切りにし、水洗いして水気をきる。

2. 耐熱容器に1、Ⓐを入れて混ぜ（写真b）、ふんわりラップをかけて電子レンジで3分ほど加熱する。

3. 全体を混ぜ、黒ごまをふる。

さつまいもは薄切りなら皮つきのままで良く、皮をむく手間が省け、彩り良く仕上がります。

Ⓒ サブ

わかめと青菜の煮びたし

| 冷蔵 **3日** 保存期間 | ❄ **14日** 冷凍可 |

材料
（大人2人＋子ども1人×1食分）

チンゲン菜…1株（約100g）
にんじん…1/3本（約50g）
カットわかめ（乾燥）
　…大さじ1（約2.5g）
水 …100ml
かつお削り節…大さじ1
しょうゆ…小さじ1

作り方

1. チンゲン菜の葉は3cm大に切り、茎は細く切る。にんじんは3cm長さの細切りにする。

2. 耐熱容器にわかめを指で小さくくだいて入れ、水を注ぐ。

3. にんじん、チンゲン菜を順にのせ（写真c）、ふんわりラップをかけて電子レンジで3分ほど加熱する。

4. かつお節、しょうゆを加えて混ぜる。

わかめの塩分、うまみも利用することで調味料が少なくても満足感のある味わいに。

▷ **Arrange**

・4で水をたし、塩で味をととのえればすまし汁に。
・青菜は小松菜でも◎。

**30分以内でできる
段取り例**

Ⓑの食材を切り、レンジにかける ➡ Ⓒの食材を切り、レンジにかける ➡ Ⓑを混ぜ、黒ごまをふる ➡ Ⓐの食材を切り、レンジにかける ➡ Ⓒの味つけをする

しっかり食べたい日の **和食セット②**

ごはんがすすむ鶏の照り焼きをメインに、ふりかけで味が決まる簡単サブおかずを
合わせました。かぼちゃのみそ汁を添えれば食べごたえのある献立が完成!

Ⓐ 鶏の照り焼き

Ⓑ かぶとしらすの赤しそあえ

Ⓒ かぼちゃのみそ汁

だしパックと具材を
一緒にチン!

Ⓐ メイン

鶏の照り焼き

冷蔵 **3**日 保存期間
❄ **14**日 冷凍可

🥄 材料

（大人2人＋子ども1人✕1食分）

鶏もも肉
…1枚（約250ｇ）
Ⓐ 菜種油 …小さじ2
 しょうゆ、砂糖、
  片栗粉、水…各小さじ1

🍴 作り方

1 鶏肉は皮と白い脂肪を除き、3cm大に切る。

2 平たい耐熱皿にクッキングシートをしき、*1* をのせ、Ⓐをかけて全体にからめ（写真a）、間隔をあけて並べる。

3 ふんわりラップをかけて電子レンジで4分ほど肉の赤い部分がなくなるまで加熱する。

a

・耐熱容器にクッキングシートをしくことで、容器に肉がくっつかず、汚れも少なくてすむので洗い物がラク。

・*3* で加熱中に肉が破裂する音がしたら、途中で電子レンジを止めて一度ラップを開け、蒸気を逃がしてください。

Ⓑ サブ

かぶとしらすの赤しそあえ

冷蔵 **2**日 保存期間

🥄 材料

（大人2人＋子ども1人✕1食分）

かぶ…2個（約150ｇ）
かぶの葉…2個分（約20ｇ）
しらす干し…15ｇ
水…大さじ2
赤しそふりかけ…小さじ1/2

🍴 作り方

1 かぶは薄いいちょう切りにし、葉は粗みじん切りにする。

2 耐熱容器に *1*、しらす干し、水を入れる（写真b）。ふんわりラップをかけて電子レンジで1分ほど加熱する。いったん取り出して混ぜ、ふんわりラップをかけてさらに1分ほど加熱し、ザルにあげて水気をきる。

3 *2* を容器に戻し、赤しそふりかけを加えて混ぜる。

b

赤しそふりかけは時間が経つと色があせるので、食べる直前に加えるのがおすすめ。

▶ **大人 Arrange**

ふりかけの代わりにすし酢小さじ1、または塩、酢各少々を加えて味つけしてもOK。

Ⓒ サブ

かぼちゃのみそ汁

冷蔵 **3**日 保存期間
❄ **14**日 冷凍可

🥄 材料

（大人2人＋子ども1人✕1食分）

かぼちゃ（皮つき）…120ｇ
玉ねぎ…1/4個（約50ｇ）
Ⓐ 水…350ml
 和風だしパック…1個
 ※粉末和風だしの素小さじ1
  でも可
 ※Ⓐは手作りのだし汁もOK
みそ…大さじ1

🍴 作り方

1 かぼちゃは1cm厚さ×2〜3cm大に切り、玉ねぎは繊維を断つように3cm長さの薄切りにする。

2 耐熱ボウルに *1*、Ⓐを入れる（写真c）。ふんわりラップをかけて電子レンジで7分ほど加熱する。

3 みそを溶き、混ぜる。

c

👆 **Point**

電子レンジで汁物を作るときは、水を少なめにすることで加熱時間が短縮できます。汁気をたしたい場合は、食材がやわらかくなってから水適量を加えてふんわりラップをかけて温め、みそ適量をたしてもOKです。

**30分以内でできる
段取り例**

Ⓒの食材を切り、レンジにかける ➡ Ⓑの食材を切り、レンジにかける ➡ Ⓐの食材を切り、レンジにかける ➡ Ⓑ、Ⓒの味つけをする。

具だくさん汁セット①

野菜もお肉も摂れる豚汁は、食が細い子におすすめのおかず。
サブおかずには厚揚げやかぼちゃを合わせてボリュームを出しました。

Ⓐ 豚汁

Ⓑ かぼちゃサラダ

だしいらずで
お手軽！

Ⓒ 厚揚げと青菜の
香味蒸し

34

Ⓐ メイン

豚汁

冷蔵 **3**日　❄ **14**日
保存期間　冷凍可

🥄 材料

（大人2人＋子ども1人✕1食分）
豚ロース薄切り肉…100g
大根…100g
にんじん…1/3本（約50g）
長ねぎ…1/2本（約40g）
しいたけ
　（またはほかのきのこ）…40g
水…350ml
みそ…大さじ1

🍴 作り方

1　大根、にんじんは薄いいちょう切り、長ねぎは薄い半月切り、しいたけは1.5cm大の薄切りにする。豚肉は1cm幅に切る。

2　耐熱ボウルに1、水を入れ、軽く混ぜて肉をほぐす（写真a）。ふんわりラップをかけて電子レンジで8分ほど加熱する。

3　みそを溶き、混ぜる。

みそは風味が飛ばないように、加熱後に溶き混ぜます。

▶ **Arrange**

・材料の野菜はほかの野菜（キャベツや白菜、ごぼうなど）でもアレンジできます。
・素材の味で十分ですが、好みで粉末和風だしの素をたしてもOK。

Ⓑ サブ

かぼちゃサラダ

冷蔵 **3**日　❄ **14**日
保存期間　冷凍可

🥄 材料

（大人2人＋子ども1人✕1食分）
かぼちゃ（皮つき）…150g
レーズン…大さじ1（約10g）
水…大さじ1
マヨネーズ…小さじ2

🍴 作り方

1　かぼちゃは皮つきのまま1cm厚さ×2〜3cm幅に切り、レーズンは粗く刻む。

2　耐熱容器に1、水を入れ（写真b）、ふんわりラップをかけて電子レンジで3分ほど加熱する。

3　粗熱が取れたら軽く水気をきり、マヨネーズを加え、ざっくり混ぜる。

Ⓒ サブ

厚揚げと青菜の香味蒸し

冷蔵 **3**日
保存期間

🥄 材料

（大人2人＋子ども1人✕1食分）
絹厚揚…1パック（200g）
小松菜…1/3把（約60g）
長ねぎ…1/2本（約40g）
Ⓐ 水…大さじ4
　しょうゆ…小さじ2
　砂糖、ごま油…各小さじ1

🍴 作り方

1　厚揚は1.5cm厚さ×3cm大に切り、小松菜は1cm大に切る。長ねぎは粗みじん切りにする。

2　耐熱容器に厚揚げを広げて入れ、小松菜、長ねぎをのせてⒶをかける（写真c）。ふんわりラップをかけて電子レンジで5分ほど加熱する。

**30分以内でできる
段取り例**

Ⓑの食材を切り、レンジにかける ➡ Ⓐの食材を切り、レンジにかける ➡ Ⓒの食材を切る ➡ Ⓑの味つけをする ➡ Ⓒをレンジにかける ➡ Ⓐにみそを溶き、混ぜる

具だくさん汁セット②

根菜たっぷりのけんちん汁は、噛む力を育むためにぴったりのメニュー。
レンジ加熱で子どもでも食べやすいやわらかさに仕上がるようにしました。

Ⓐ 油揚げ根菜
けんちん汁

子どもウケ
間違いなしの
組み合わせ

Ⓑ さつまいもりんご煮

Ⓒ ブロッコリーの
ささみマヨがけ

A メイン

油揚げ根菜けんちん汁

冷蔵 **3**日　保存期間
❄ **14**日　冷凍可

🥄 材料

(大人2人＋子ども1人×1食分)

手揚げ風油揚げ…2枚
大根…100g
にんじん…1/2本（約70g）
ごぼう…1/2本（約35g）
Ⓐ だし汁…350ml
　しょうゆ、ごま油…各小さじ2
　砂糖…小さじ1
　塩…小さじ1/4

🍴 作り方

1 油揚げは1cm大に切り、大根、にんじん、ごぼうは1cm大の薄切にする。

2 耐熱ボウルにⒶを入れて混ぜ、*1*を入れる（写真a）。ふんわりラップをかけて電子レンジで10分ほど加熱する。

・食材を小さく切ることで熱の通りが早くなり、味もしみやすくなります。

・だし汁は水とだしパックや粉末だしでもOK。

▶ **Arrange**

だし汁と調味料をたし、ゆでうどんを加えてけんちんうどんに。

B サブ

さつまいもりんご煮

冷蔵 **3**日　保存期間
❄ **14**日　冷凍可

🥄 材料

(大人2人＋子ども1人×1食分)

さつまいも（皮つき）…150g
りんご…1/2個（約100g）
水…大さじ2

🍴 作り方

1 さつまいもは皮つきのまま1cm厚さの半月切り（またはいちょう切り）にし、水洗いして水気をきる。りんごは1cm厚さのいちょう切りにする。

2 耐熱容器にさつまいもを並べ、りんごを散らして水をふる（写真b）。ふんわりラップをかけて電子レンジで5分ほど加熱する。そのまま置いて余熱でやわらかくする。

さつまいもとりんごの甘みを活かした味つけですが、加熱後に味を見て甘みをたしたい場合は、砂糖小さじ1/2ほどを混ぜてもOK。

C サブ

ブロッコリーのささみマヨがけ

冷蔵 **2**日　保存期間

🥄 材料

(大人2人＋子ども1人×1食分)

ブロッコリー
　…1/2個（約120g、茎も含む）
水…大さじ1
鶏ささみ水煮缶…1個（80g）
マヨネーズ…大さじ1

🍴 作り方

1 ブロッコリーは、茎はまわりのかたい部分をそいで4cm長さの薄切りにし、残りは2〜3cm大×4cm長さに切る。

2 耐熱容器に*1*、水を入れる（写真c）。ふんわりラップをかけて電子レンジで2分ほど加熱し、ザルにあげて冷まし、容器に戻す。

3 ささみ（軽く汁をきる）、マヨネーズを混ぜて*2*にかける。

・ブロッコリーはレンジ加熱することで、水溶性ビタミンの流出が防げます。

・ささみ缶の缶汁は汁物に加えるのがおすすめです。

30分以内でできる段取り例

Ⓒの食材を切り、レンジにかける ➡ Ⓐの食材を切り、レンジにかける ➡ Ⓒをザルにあげて冷ます ➡ Ⓑの食材を切り、レンジにかける ➡ Ⓒを仕上げる

Ⓐ 蒸し鶏

Ⓑ パブリカのマリネ

レンチンだから
味がしみやすい

Ⓒ パスタとツナと
キャベツのスープ

38

Ⓐ メイン

蒸し鶏

冷蔵 **3**日
保存期間

❄ **14**日
冷凍可

a

🍴 **材料**

(大人2人＋子ども1人✕1食分)

鶏むね肉…1枚（約250g）
Ⓐ 砂糖…小さじ1/2
　 塩…小さじ1/4
水…大さじ2

🍴 **作り方**

1　鶏肉は皮と白い脂肪を除き、縦半分に切る。

2　耐熱容器に*1*を入れてⒶをまぶし、水をふる（写真a）。ふんわりラップをかけて電子レンジで3分ほど加熱し、いったん取り出して裏返す。ふんわりラップをかけてさらに1分ほど加熱し、肉の赤い部分がないことを確認し、ラップをかけたまま余熱で蒸らす（汁は取っておき、「パプリカのマリネ」に使用する）。

3　粗熱が取れたら薄く切って容器に戻す。

▶ **Arrange**

食べるときに、好みでオーロラソース（マヨネーズ大さじ1＋トマトケチャップ大さじ1）や、サニーレタス適量を添えても◎。

Ⓑ サブ

パプリカのマリネ

冷蔵 **3**日
保存期間

❄ **14**日
冷凍可

🍴 **材料**

(大人2人＋子ども1人✕1食分)

パプリカ（赤・黄、または
　カラーピーマン）…計150g
Ⓐ 「蒸し鶏」の汁（でき上がりから
　　取り分ける）…大さじ1
　 オリーブオイル…小さじ1
　 塩…少々

🍴 **作り方**

1　パプリカは2cm角に切る。

2　耐熱容器に*1*を入れ（写真b）、ふんわりラップをかけて電子レンジで2分ほど加熱する。Ⓐを加えて混ぜる。

b

パプリカは計150gになれば、赤か黄どちらかでもOKです。

Ⓒ サブ

パスタとツナとキャベツのスープ

冷蔵 **2**日
保存期間

🍴 **材料**

(大人2人＋子ども1人✕1食分)

キャベツ…150g
ショートパスタ…30g
　※スパゲッティを短く折ったものでも可
ツナ缶（水煮）…1個（80g）
水 …400ml
顆粒野菜ブイヨンの素…小さじ1
Ⓐ オリーブオイル…小さじ1
　 しょうゆ…小さじ1/2
　 塩…少々

🍴 **作り方**

1　キャベツは3cm長さの細切りにする。

2　耐熱ボウルに*1*、水300ml、野菜ブイヨンの素、パスタ、ツナ（汁ごと）を入れ（写真c）、ふんわりラップをかけて電子レンジで6分ほど加熱する。

3　残りの水とⒶを加えて混ぜる。

c

・噴きこぼれないように、深めの容器を使います。

・パスタを食感良く仕上げるため、まず少なめの水で加熱します。

**30分以内でできる
段取り例**

Ⓐの食材を切り、下味をつけてレンジにかける ➡ Ⓑの食材を切り、レンジにかける ➡ Ⓒの食材を切り、レンジにかける ➡ Ⓑの味つけをする ➡ Ⓐを薄く切る ➡ Ⓒの味つけをする

大人もうれしい ヘルシーセット②

豆腐でかさ増ししたハンバーグを主役に、色鮮やかなサブおかずをプラス。
さまざまな食感が楽しめ、ヘルシーながらも満足感があります。

Ⓐ 和風豆腐ハンバーグ

フライパンで
焼くより簡単！

Ⓑ アスパラにんじん
豆腐ごまあえ

Ⓒ なすのみそ
ミネストローネ

Ⓐ メイン

和風豆腐ハンバーグ

冷蔵 **3**日	❄ **14**日
保存期間	冷凍可

ⓐ

🍴 材料

(大人2人＋子ども1人×1食分)

牛豚合いびき肉…150g
木綿豆腐…100g
玉ねぎ…1/4個(約50g)
片栗粉…大さじ1
みそ…小さじ1/2
Ⓐ 水…大さじ4
　しょうゆ…小さじ1と1/2
　片栗粉、砂糖…各小さじ1
　粉末和風だしの素…小さじ1/4

🍴 作り方

1 玉ねぎはみじん切りにする。

2 耐熱皿に**1**と豆腐をのせ、ふんわりラップをかけて電子レンジで2分ほど加熱し、ザルにあげて冷ます。

3 ポリ袋に**2**、ひき肉、片栗粉、みそを入れてよく混ぜる。袋の口を閉じて片端を2.5cm幅に切り、クッキングシートをしいた耐熱皿に肉ダネを絞り出し、4cm大の平らな円形にととのえて並べる

(写真a)。ふんわりラップをかけて電子レンジで5分ほど加熱する。

4 耐熱容器にⒶを入れて混ぜ、ふんわりラップをかけて電子レンジで1分ほど加熱する。いったん取り出して底からよく混ぜ、さらに20秒ほど加熱し、**3**にかける。

Ⓑ サブ

アスパラにんじん豆腐ごまあえ

冷蔵 **2**日
保存期間

ⓑ

電子レンジなら、野菜の加熱と同時に、豆腐の加熱と水切りもできてラク。水をきって冷ますことで日持ちしやすくなります。

🍴 材料

(大人2人＋子ども1人×1食分)

木綿豆腐…100g
グリーンアスパラガス
　…1束(約70g)
にんじん…1/3本(約50g)
水…大さじ1
Ⓐ しょうゆ、砂糖…各小さじ1/2
　塩…少々
白すりごま…大さじ1

🍴 作り方

1 アスパラは斜め切りにし、にんじんは1cm幅×4cm長さの薄切りにする。

2 耐熱容器に**1**、半分に切った豆腐、水を入れる(写真b)。ふんわりラップをかけて電子レンジで3分ほど加熱し、ザルにあげて水気をきって冷まし、容器に戻す。

3 Ⓐを加えて豆腐をくずしながら混ぜ、白ごまをふってざっくりとあえる。

Ⓒ サブ

なすのみそミネストローネ

冷蔵 **3**日	❄ **14**日
保存期間	冷凍可

ⓒ

水分を入れる前に一度加熱することで、なすが早くやわらかくなり、色良く仕上がります。

 Arrange

あり合わせの野菜を加えて具だくさんにしても◎。

🍴 材料

(大人2人＋子ども1人×1食分)

なす…1本(約80g)
玉ねぎ…1/4個(約50g)
にんにく(すりおろす)
　…(好みで)小さじ1/2
オリーブオイル…小さじ1
Ⓐ トマトジュース(無塩)…200ml
　水…150ml
　みそ…小さじ2
　粉末和風だしの素…小さじ1/2

🍴 作り方

1 なすは1cm角に切り、水洗いして水気をきる。玉ねぎは粗みじん切りにする。

2 耐熱ボウルに**1**、にんにく、オリーブオイルを入れて混ぜる(写真c)。ふんわりラップをかけて電子レンジで4分ほど加熱する。

3 いったん取り出してⒶを加えて混ぜ、ふんわりラップをかけてさらに2分ほど加熱する。

**30分以内でできる
段取り例**

Ⓐの食材を切り、レンジにかける ➡ Ⓑの食材を切り、レンジにかける ➡ Ⓒの食材を切り、レンジにかける ➡ Ⓐを袋に入れて混ぜ、成形する ➡ Ⓒを味つけし、レンジにかける ➡ Ⓐをレンジにかける ➡ Ⓑの味つけをする ➡ Ⓐのたれをレンジにかけ、仕上げる

みんな大好き 洋食セット

子どもにも大人にも好まれる洋食の献立。それぞれ冷凍野菜も
活用して、スピーディーに調理できるメニューにしました。

おもてなしにも
使える豪華な仕上がり

Ⓐ ミートローフ

Ⓑ 枝豆入り
マッシュポテト

Ⓒ ほうれん草コーンスープ

42

Ⓐ メイン ミートローフ

冷蔵 **3**日	❄ **14**日
保存期間	冷凍可

🥄 **材 料**

（大人2人＋子ども1人×1食分）

牛豚合いびき肉…200g
冷凍ミックスベジタブル
　…1カップ（約80g）
　※刻んだ玉ねぎ、にんじん、
　　コーン計80gでも可
塩…小さじ1/4
パン粉、牛乳…各1/4カップ
Ⓐ トマトケチャップ、
　　ミートローフの蒸し汁
　　…各小さじ2
　中濃ソース…小さじ1

🍴 **作り方**

1 耐熱容器（15cm×20cm大）に冷凍ミックスベジタブルを入れ、ふんわりラップをかけて電子レンジで1分30秒ほど加熱して解凍し、冷ます。

2 ひき肉、塩を加えてなじむまで混ぜ、パン粉、牛乳も加えて均一になるまで混ぜて平らにならす（写真a）。ふんわりラップをかけて電子レンジで5分ほど加熱し、そのまま置いて蒸らす。

3 別の耐熱容器にⒶを入れて混ぜ、ふんわりラップをかけて電子レンジで20秒ほど加熱する。食べるときに2にかける。

耐熱容器に材料を入れて生地を混ぜれば、そのまま電子レンジにかけられ、洗い物が減ってラクです。

Ⓑ サブ 枝豆入りマッシュポテト

冷蔵 **3**日	❄ **14**日
保存期間	冷凍可

🥄 **材 料**

（大人2人＋子ども1人×1食分）

じゃがいも…2個（約200g）
冷凍塩ゆで枝豆
　（さやつき）…1カップ（約80g）
　※むき枝豆の場合、1/4カップ
　　（約40g）。または生のさやつ
　　き枝豆80gでも可
水…大さじ2
Ⓐ 牛乳…大さじ3
　塩…少々

🍴 **作り方**

1 耐熱容器に冷凍枝豆を入れ、ふんわりラップをかけて電子レンジで2分ほど加熱する。

2 じゃがいもは1cm角に切って水洗いし、水気をきって耐熱ボウルに入れて水をふり、ふんわりラップをかけて電子レンジで5分ほど加熱する。

3 1をさやから出して加え、じゃがいもがなめらかになるまでつぶす（写真b）。

4 Ⓐを加えて混ぜ、ふんわりラップをかけてさらに1分30秒ほど加熱する。

・じゃがいもを加熱したボウルに枝豆を入れ、一緒にマッシャーでつぶして。

・1で生の枝豆を使う場合は、塩もみし、ふんわりラップをかけて4分ほど加熱し、蒸らします。

Ⓒ サブ ほうれん草コーンスープ

冷蔵 **3**日	❄ **14**日
保存期間	冷凍可

🥄 **材 料**

（大人2人＋子ども1人×1食分）

冷凍ほうれん草
　…1カップ（約60g）
コーンクリーム缶（無塩）
　…1個（180g）
牛乳…200ml
顆粒野菜ブイヨンの素…小さじ1
塩…小さじ1/4

🍴 **作り方**

耐熱容器にすべての材料を入れ（写真c）、ふんわりラップをかけて、電子レンジで6分ほど加熱し、混ぜる。

※ほうれん草が食べにくい場合は、キッチンバサミなどで短く切る。

・味つきのコーンクリームを使う場合は、調味料を減らして味を調整してください。

・下ごしらえ済みのほうれん草（約60g）でもOK（P.92参照）。

**30分以内でできる
段取り例**

Ⓐのミックスベジタブルをレンジにかける ➡ Ⓑの枝豆をレンジにかける ➡ Ⓑのじゃがいもをレンジにかける ➡ Ⓒをレンジにかける ➡ Ⓐの肉ダネをレンジにかける ➡ Ⓑの枝豆入りマッシュポテトをレンジにかける ➡ Ⓐのソースをレンジにかける

ボリュームたっぷり 中華風定食①

ひき肉を使ったあんかけは、食べやすく子どもウケの良いおかず。
鶏ガラ味のスープと、甘酢味のサブおかずであっさりした中華献立に。

Ⓐ 豆腐のそぼろあんかけ

Ⓒ しらす入り
白菜と春雨のスープ

春雨は
水で戻さず時短！

Ⓑ ブロッコリーの甘酢あえ

44

Ⓐ メイン 豆腐のそぼろあんかけ

冷蔵 **3日** 保存期間

🍴 **材料**

（大人2人 ➕ 子ども1人 ✕ 1食分）

豚ひき肉…120g
絹ごし豆腐…300g
白菜（芯の部分）…100g
Ⓐ 水…150ml
　片栗粉…大さじ1
　しょうゆ、みそ、ごま油、
　　トマトケチャップ…各小さじ1
　顆粒鶏ガラスープの素、
　　にんにく（すりおろす・好みで）
　　…各小さじ1/2

🍴 **作り方**

1　豆腐は2cm角に切り、耐熱容器に入れてふんわりラップをかけ、電子レンジで2分ほど加熱し、ザルにあげて水気をきる。白菜は粗みじん切りにする。

2　耐熱容器にひき肉、白菜、Ⓐを入れて混ぜ（写真a）、ふんわりラップをかけて電子レンジで5分ほど加熱する。

3　豆腐を加えてざっくりと混ぜる。

・そぼろあんと豆腐は別々に加熱を。豆腐はレンジ加熱をすると余分な水気や臭みが抜け、食感も良く仕上がります。

・片栗粉のとろみは時間が経つとゆるくなります。

▶ **大人 Arrange**

食べるときに好みで、ラー油、豆板醤、こしょうなどを加えても◎。

Ⓑ サブ ブロッコリーの甘酢あえ

冷蔵 **2日** 保存期間

🍴 **材料**

（大人2人 ➕ 子ども1人 ✕ 1食分）

ブロッコリー…1/2個（約120g、
　茎も含む）
水…大さじ1
Ⓐ 酢…小さじ1/2
　砂糖…小さじ1/4
　顆粒昆布だしの素、塩…各少々
　※Ⓐはすし酢小さじ1でも可

🍴 **作り方**

1　ブロッコリーは、茎はまわりのかたい部分をそいで4cm長さの細切りにし、残りは2〜3cm大×4cm長さに切る。

2　耐熱容器に1、水を入れる（写真b）。ふんわりラップをかけて電子レンジで2分ほど加熱し、ザルにあげて水気をきり、冷ます。容器に戻し、Ⓐを加えてあえる。

ブロッコリーは茎の部分も使用。レンジ加熱なら、同時調理で茎もやわらかくなります。

Ⓒ サブ しらす入り白菜と春雨のスープ

冷蔵 **3日** 保存期間　❄ **14日** 冷凍可

🍴 **材料**

（大人2人 ➕ 子ども1人 ✕ 1食分）

白菜…150g
パプリカ（赤）…40g
しらす干し…15g
緑豆春雨（乾燥）…30g
水…400ml
顆粒鶏ガラスープの素、
　ごま油…各小さじ1
しょうゆ…小さじ1/2

🍴 **作り方**

1　白菜は3cm長さの短冊切りにし、パプリカは1.5cm長さの細切りにする。

2　耐熱ボウルに1、ほぐした春雨、しらす、水、鶏ガラスープの素を入れる（写真c）。ふんわりラップをかけ、電子レンジで7分ほど加熱する。

3　ごま油、しょうゆを加えて混ぜる。

春雨はカットタイプを使い、仕上げにキッチンバサミで食べやすく切ります。

**30分以内でできる
段取り例**

Ⓑの食材を切り、レンジにかける ➡ Ⓐの豆腐をレンジにかける ➡ Ⓒの食材を切り、レンジにかける ➡ Ⓐの食材を切り、そぼろあんをレンジにかける ➡ Ⓑの味つけをする ➡ Ⓒの味つけをする ➡ Ⓐのそぼろあんに豆腐を混ぜる

ボリュームたっぷり 中華風定食②

暑くて火を使いたくない日はレンチンおかずが便利。
混ぜごはんは具だけレンジ調理してごはんを混ぜるだけなので手軽です。

A しらすとまいたけの
チャーハン風混ぜごはん

加熱するから
味がよくしみる

A ＋ごはん

B たたききゅうりの
中華風あえ

C チンゲン菜と
豆腐のスープ

Ⓐ メイン　しらすとまいたけの チャーハン風混ぜごはん

冷蔵 **3日** 保存期間　❄ **14日** 冷凍可

🥄 材料
（大人2人➕子ども1人✕1食分）
しらす干し、まいたけ、長ねぎ、
　にんじん…各50g
卵…2個
水、ごま油…各小さじ2
しょうゆ…小さじ1

温かいごはん…適量
塩…少々

🍴 作り方

1 まいたけ、長ねぎ、にんじんはみじん切りにする。

2 耐熱容器に1、しらす、水、ごま油を入れてふんわりラップをかけ、電子レンジで2分ほど加熱する。

3 いったん取り出し、溶いた卵を加えてふんわりラップをかけ、さらに2分ほど加熱する。再び取り出して混ぜ（写真a）、卵が固まるまでさらに1分ほど様子を見

卵は破裂しやすいので、様子を見ながら数回に分けて加熱し、しっかり火を通します。

ながら加熱し、しょうゆを混ぜる。
※作りおきの場合はここで保存。

4 ごはんに3を混ぜ、塩で味をととのえる。

Ⓑ サブ　たたききゅうりの中華風あえ

冷蔵 **2日** 保存期間

🥄 材料
（大人2人➕子ども1人✕1食分）
きゅうり…1本（約120g）
Ⓐ あみえび（乾燥・
　または白いりごま）、ごま油、
　しょうゆ…各小さじ1/2

🍴 作り方

1 きゅうりは端を切り落として麺棒などでたたいて、3cm大に割る。

2 耐熱容器に1を入れ（写真b）、ふんわりラップをかけて電子レンジで1分ほど加熱し、水気をきる。

3 Ⓐを加えて混ぜる。

・きゅうりを割りほぐせない場合は、包丁で切っても。

・レンジ加熱でさらに味しみが良くなります。

▶ **Arrange**
きゅうりを大根、キャベツ、白菜にしても◎。

Ⓒ サブ　チンゲン菜と豆腐のスープ

冷蔵 **3日** 保存期間

🥄 材料
（大人2人➕子ども1人✕1食分）
絹ごし豆腐…200g
チンゲン菜…1株（約100g）
Ⓐ 水…350ml
　粉末和風だしの素…小さじ1
しょうゆ…小さじ2

🍴 作り方

1 豆腐は2cm角、チンゲン菜は1.5cm大に切る。

2 耐熱容器に1、Ⓐを入れる（写真c）。ふんわりラップをかけて電子レンジで6分ほど加熱する。

3 しょうゆを加えて混ぜる。

▶ **Arrange**
チンゲン菜は小松菜またはモロヘイヤ半量に替えてもOK。仕上げに刻んだトマトを加えても◎。

30分以内でできる 段取り例

Ⓒの食材を切り、レンジにかける ➡ Ⓑの食材を切り、レンジにかける ➡ Ⓐの食材を切り、レンジにかける ➡ Ⓒの味つけをする ➡ Ⓑの味つけをする ➡ Ⓐに卵を加えてレンジにかける ➡ ごはんを混ぜる

Ⓐ めかじきの煮つけ

Ⓑ 大根ときゅうりの
ごま塩サラダ

ペーパータオルで
落としぶたをするから
味しみしみ♪

Ⓒ ちくわとじゃがいも・
にんじんみそ煮

48

Ⓐ メイン

めかじきの煮つけ

冷蔵 3日	❄ 14日
保存期間	冷凍可

🥄 材料

(大人2人＋子ども1人✕1食分)

めかじき（切り身）…約200g
長ねぎ…2/3本（約60g）
Ⓐ 水…150ml
　しょうゆ、砂糖…各小さじ2
　粉末和風だしの素…小さじ1/2

🍴 作り方

1 長ねぎは薄い半月切りにする。めかじきは水気を拭いて3cm大のそぎ切りにする。

2 耐熱容器にⒶを入れて混ぜ、めかじきを並べ、長ねぎをのせる（写真a）。ペーパータオルをかぶせて浸し、ふんわりラップをかけて電子レンジで5分ほど加熱し、そのまま蒸らす。

めかじきと長ねぎをⒶに浸したら、ペーパータオルをのせて落としぶたをすることで、少ない煮汁でも味がしみこみやすく、しっとり仕上がります。

▶ **Arrange**

めかじきは、あじや鮭など好みの魚でもアレンジできます。

Ⓑ サブ

大根ときゅうりのごま塩サラダ

冷蔵 2日
保存期間

🥄 材料

(大人2人＋子ども1人✕1食分)

大根、きゅうり…各100g
Ⓐ 菜種油、
　白すりごま…各小さじ2
　粉末和風だしの素、塩…各少々

🍴 作り方

1 大根は2cm大の薄切り、きゅうりは薄い半月切りにする。

2 耐熱容器に大根を入れ、ふんわりラップをかけて電子レンジで2分ほど加熱する。熱いうちにきゅうりを混ぜ（写真b）、水気をきる。

3 Ⓐを加えてあえる。

きゅうりは余熱を活用してあえると、味がなじみやすいうえに、ほどよく食感が残ります。

Ⓒ サブ

ちくわとじゃがいも・にんじんみそ煮

冷蔵 3日
保存期間

🥄 材料

(大人2人＋子ども1人✕1食分)

焼きちくわ（調理用）
　…1本（約80g）
じゃがいも…2個（約200g）
にんじん…1/2本（約70g）
水…大さじ2
Ⓐ みそ、ごま油…各小さじ1

🍴 作り方

1 じゃがいもは1cm厚さのいちょう切りにし、水洗いして水気をきる。にんじんは1cm幅×4cm長さの薄切りにする。ちくわは5mm幅の輪切りにする。

2 耐熱容器にじゃがいも、にんじん、水を入れる（写真c）。ふんわりラップをかけて電子レンジで4分ほど加熱する。

3 いったん取り出し、ちくわ、Ⓐを加えて混ぜ、ふんわりラップをかけてさらに2分ほど加熱する。

いもや根菜は薄く切ることで熱が早く通り、短時間でやわらかくなります。

▶ **Arrange**

水やみそをたしてみそ汁にしても良いです。

▼
**30分以内でできる
段取り例**

Ⓑの食材を切り、レンジにかける ➡ Ⓒの食材を切り、レンジにかける ➡ Ⓑの味つけをする ➡ Ⓐの食材を切り、レンジにかける ➡ Ⓒにちくわと調味料を加え、レンジにかける

レンジでお手軽 煮魚献立②

メインおかずは玉ねぎの甘みも加わり、魚が苦手な子でも食べやすい味つけに。
サブおかずには免疫力アップにもおすすめのネバネバ食材を使いました。

Ⓐ あじと玉ねぎのみそ煮

かつお節をふって
塩分控えめでも
満足感アップ！

Ⓑ 長いもの土佐酢あえ

Ⓒ オクラとコーンの
バターじょうゆあえ

50

Ⓐ メイン

あじと玉ねぎのみそ煮

| 冷蔵 3日 保存期間 | ❄ 14日 冷凍可 |

片栗粉入りのたれをなじませることで、少ない水や調味料でもしっとりした煮魚に仕上がります。

▶ Arrange

あじは、さばや鮭など好みの魚に替えてもOKです。

🍴 **材料**

（大人2人＋子ども1人✕1食分）

あじ（3枚おろし・骨抜き）
　…6枚（約200g）
玉ねぎ…1/2個（約100g）
Ⓐ 水…大さじ3
　みそ…小さじ2
　砂糖…小さじ1
　片栗粉、粉末和風だしの素
　　…各小さじ1/2

🍴 **作り方**

1　玉ねぎは繊維を断つように3cm長さに切り、あじは水気を拭いて4cm大に切る。

2　耐熱容器に玉ねぎを広げ、あじを並べ、混ぜたⒶをかけて軽くなじませる（写真a）。ふんわりラップをかけて電子レンジで4分ほど加熱する。

3　いったん取り出して軽く混ぜ、さらに1分ほど加熱する。

Ⓑ サブ

長いもの土佐酢あえ

| 冷蔵 3日 保存期間 |

生でも食べられる長いもも、食感を残す程度にレンジ加熱することで変色を防ぎ、子どもにも安心の作りおきおかずになります。

▶ Arrange

仕上げに小さく切ったトマトを加えたり、長いもをキャベツに替えたりしてもOK。

🍴 **材料**

（大人2人＋子ども1人✕1食分）

長いも…150g
水 …大さじ1
Ⓐ 酢…小さじ1
　しょうゆ、砂糖…各小さじ1/4
　塩…少々
　※Ⓐはすし酢大さじ1/2でも可
かつお削り節…ひとつまみ

🍴 **作り方**

1　長いもは1cm角✕4cm長さに切る。

2　耐熱容器に1、水、Ⓐを入れて混ぜ、ふんわりラップをかけて電子レンジで1分30秒ほど加熱する。

3　かつお節をふり、混ぜる（写真b）。

Ⓒ サブ

| 冷蔵 3日 保存期間 | ❄ 14日 冷凍可 |

オクラとコーンのバターじょうゆあえ

▶ Arrange

・ごはんにのせてもおいしい！
・生のとうもろこしがあれば、とうもろこし全体をラップで包んでレンジ加熱し、実をそいで使用するのがおすすめ。

🍴 **材料**

（大人2人＋子ども1人✕1食分）

オクラ…1袋（約80g）
ホールコーン…1/2カップ（約70g）
水…大さじ1
バター（または菜種油）…小さじ1
しょうゆ…小さじ1/2

🍴 **作り方**

1　オクラは5mm厚さの輪切りにする。

2　耐熱容器に1、水を入れる（写真c）。ふんわりラップをかけて電子レンジで2分ほど加熱する。

3　ホールコーン、バター、しょうゆを加えて混ぜる。

**30分以内でできる
段取り例**

Ⓑの食材を切り、レンジにかける ➡ Ⓒの食材を切り、レンジにかける ➡ Ⓐの食材を切り、レンジにかける ➡ Ⓑを仕上げる ➡ Ⓒの味つけをする ➡ Ⓐを混ぜ、さらにレンジにかける

うまみたっぷり 蒸し魚献立①

鮭はクッキングシートで包んでうまみを逃さず調理。
サブおかずはかぼちゃとトマトを入れて彩りを添えました。

ふっくら仕上がり
子どもも食べやすい

B かぼちゃのチーズのせ

A 鮭のちゃんちゃん焼き風
包み蒸し

C 麩とトマトのスープ

Ⓐ メイン

鮭のちゃんちゃん焼き風包み蒸し

冷蔵 **3**日
保存期間

❄ **14**日
冷凍可

🥄 材料

（大人2人➕子ども1人✕1食分）

生鮭（切り身・皮、骨除く）
…2切れ（約200g）
　※皮のそぎ切りはP.25参照
キャベツ…120g
ピーマン…1個（約25g）
Ⓐ 水…50ml
　みそ…小さじ2
　ごま油…小さじ1
　片栗粉、砂糖…各小さじ1/2
　かつお削り節…小さじ1

🍴 作り方

1　キャベツは2cm大、ピーマンは粗みじん切りにし、鮭は水気を拭いて1cm厚さ×3〜4cm大のそぎ切りにする。

2　包みを2個作る。30cm四方のクッキングシートを2枚用意し、対角線にそってキャベツを長方形に置き、ピーマン、鮭を重ね、混ぜ合わせたⒶをかける。紙の上下の角を持ち上げて（写真a）2枚を重ねて5回ほど折り込み、両端をねじる。

3　耐熱皿に2個並べ、電子レンジで5分ほど加熱する。

・クッキングシートを使うことで容器に魚がくっつかず、ふっくら蒸し上がり洗い物も減ります。

・子どもの分はでき上がりから適量を取り分けてください。

Ⓑ サブ

かぼちゃのチーズのせ

冷蔵 **3**日
保存期間

❄ **14**日
冷凍可

🥄 材料

（大人2人➕子ども1人✕1食分）

かぼちゃ（皮つき）…120g
水…大さじ1
スライスチーズ…1枚

🍴 作り方

1　かぼちゃは8mm厚さ×4cm幅に切る。チーズはかぼちゃの数に合わせて等分に切る。

2　耐熱皿にかぼちゃを並べ、水をふる（写真b）。ふんわりラップをかけて電子レンジで3分ほど加熱する。チーズをのせる。

かぼちゃはなるべく重ならないように並べるとくずれにくくなります。

Ⓒ サブ

麩とトマトのスープ

冷蔵 **3**日
保存期間

❄ **14**日
冷凍可

🥄 材料

（大人2人➕子ども1人✕1食分）

おつゆ麩…10g（約20個）
トマト…1個（約120g）
Ⓐ 水…300ml
　かつお削り節…大さじ1
　しょうゆ…小さじ1
　塩…少々

🍴 作り方

1　トマトは1.5cm角に切る。

2　耐熱ボウルに1、半分に割った麩、Ⓐを入れ（写真c）、ふんわりラップをかけて電子レンジで3分ほど加熱する。

※おつゆ麩…汁物などに入れる小さい焼き麩。

・深めの容器で加熱することで、噴きこぼれにくく安心です。

・細かい薄削りのかつお節は、だしが出てそのまま食べられるのでラク。

30分以内でできる段取り例

Ⓒの食材を切り、レンジにかける ➡ Ⓑの食材を切り、レンジにかける ➡ Ⓐの食材を切り、紙に包んでレンジにかける ➡ Ⓑのかぼちゃにチーズをのせる

うまみたっぷり 蒸し魚献立②

野菜をたっぷり入れて、シンプルな味つけでもうまみたっぷりの蒸し魚に。
見た目も華やかなので、週末のパーティー料理としてもおすすめです。

(A) たらと野菜の
オイル蒸し

容器ごと蒸すから
盛りつけも
きれいなまま
食卓に出せる

(B) れんこんと
ちくわのきんぴら

(C) 油揚げ白菜
なめこのみそ汁

Ⓐ メイン

たらと野菜のオイル蒸し

冷蔵 3日	❄ 14日
保存期間	冷凍可

a

🥄 材料

（大人 2 人 ＋ 子ども 1 人 ✕ 1食分）

真だら（切り身・骨を除く）
　… 2切れ（約180 g）
白菜 … 120 g
スナップエンドウ … 6本（約30 g）
ミニトマト … 6個（約90 g）
Ⓐ 水 … 大さじ2
　 オリーブオイル … 大さじ1
　 塩 … 小さじ1/3

🍴 作り方

1　白菜は3cm長さの短冊切り、スナップエンドウは筋を取って斜め半分に切る。ミニトマトは半分～1/4に切る。たらは水気を拭いて3～4cm大のそぎ切りにする。

2　耐熱容器に白菜、たら、スナップエンドウを順にのせ（写真a）、Ⓐを入れてふんわりラップをかけ、電子レンジで4分ほど加熱する。

3　いったん取り出し、ミニトマトをのせてふんわりラップをかけ、さらに1分ほど加熱する。

・たらは白菜の上にのせることで加熱ムラが防げ、うまみが行きわたります。

・ミニトマトは余熱で蒸らすときれいに。

▶ **大人 Arrange**

食べるときに塩、こしょう、乾燥ハーブなどを加えるのもおすすめ。

Arrange

野菜はキャベツ、ズッキーニ、パプリカなどでも◎。

Ⓑ サブ

れんこんとちくわのきんぴら

冷蔵 3日	❄ 14日
保存期間	冷凍可

🥄 材料

（大人 2 人 ＋ 子ども 1 人 ✕ 1食分）

焼きちくわ（調理用）
　…1本（約80 g）
れんこん…80 g
水…大さじ2
Ⓐ しょうゆ、ごま油、
　 砂糖…各小さじ1/2
青のり…少々

🍴 作り方

1　れんこんは2～3cm大の薄いいちょう切りにし、水洗いして水気をきる。ちくわは3mm幅の輪切りにする。

2　耐熱容器に1を切った順に入れ、水、Ⓐを入れる（写真b）。ふんわりラップをかけて電子レンジで5分ほど加熱して混ぜ、青のりをふる。

b

れんこんは下にしくことで熱が通りやすくなり、やわらかくなります。

▶ **1歳半～2歳**
Arrange

れんこんが食べにくい場合は、みじん切りにしてごはんに混ぜても良いです。

Ⓒ サブ

油揚げ白菜なめこのみそ汁

冷蔵 2日	❄ 14日
保存期間	冷凍可

🥄 材料

（大人 2 人 ＋ 子ども 1 人 ✕ 1食分）

油揚げ…1枚
白菜…70 g
なめこ…1パック（100 g）
Ⓐ 水…350ml
　 和風だしパック…1個
みそ…大さじ1

🍴 作り方

1　油揚げと白菜は2cm長さの細切りにする。なめこは石づきを除いて水洗いし、水気をきる。

2　耐熱容器にⒶ、1を入れ（写真c）、ふんわりラップをかけて電子レンジで6分ほど加熱する。

3　みそを溶き、混ぜる。

c

・少なめの水で加熱することで早く熱が通ります。

・Ⓐは手作りのだし汁でも、水と粉末和風だしの素小さじ1にしてもOK。

⏱ **30分以内でできる**
段取り例

Ⓑの食材を切り、レンジにかける ➡ Ⓒの食材を切り、レンジにかける ➡ Ⓐの食材を切り、レンジにかける ➡ Ⓑのちくわに青のりをふる ➡ Ⓒにみそを溶き、混ぜる ➡ Ⓐにミニトマトをのせ、レンジにかける

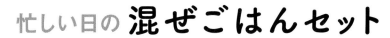

忙しい日の 混ぜごはんセット

メインおかずとサブおかずをごはんと合わせてボリュームのある混ぜごはんに。
さっと作れるスープを組み合わせれば、余裕のない日でもしっかり栄養が摂れます。

ごはんに混ぜても
のっけてもおいしい!

Ⓐ にんじん入り
　甘辛肉そぼろ

Ⓑ ニラともやしのナムル

Ⓐ + Ⓑ +ごはん

Ⓒ わかめと
　あみえびのスープ

Ⓐ メイン　にんじん入り甘辛肉そぼろ

冷蔵 **3**日　保存期間　❄ **14**日　冷凍可

🥄 **材 料**

（大人 2 人 ＋ 子ども 1 人 ✕ 1 食分）

豚ひき肉…160 g
　※細く切った豚薄切り肉でも可
にんじん…1/2 本
Ⓐ 水…大さじ2
　しょうゆ、砂糖…各小さじ2
　片栗粉…各小さじ1
　にんにく（すりおろす）
　　…（好みで）小さじ1/2

🍴 **作 り 方**

1　にんじんはみじん切りにする。

2　耐熱容器に **1**、ひき肉、Ⓐを入れて混ぜ（写真a）、ふんわりラップをかけて電子レンジで5分ほど加熱し、混ぜる。

ひき肉がバラバラになるようにほぐしながら混ぜるときれいに仕上がります。

▶ **Arrange**

子ども用はナムルと一緒にごはんに混ぜると食べやすいです。大人用はごはんの上にナムルと一緒にのせて、ビビンバ丼に。

Ⓑ サブ　ニラともやしのナムル

冷蔵 **3**日　保存期間

🥄 **材 料**

（大人 2 人 ＋ 子ども 1 人 ✕ 1 食分）

もやし…1 袋（約 200 g）
ニラ…1 把（約 100 g）
Ⓐ ごま油、白すりごま
　　…各小さじ2
　しょうゆ、酢…各小さじ1/2
　粉末和風だしの素、塩
　　…各少々

🍴 **作 り 方**

1　もやしは洗って水気をきり、短く折る。ニラは 1.5cm 長さに切る。

2　耐熱ボウルに **1** を順に入れ（写真b）、ふんわりラップをかけて電子レンジで3分ほど加熱する。いったん取り出して混ぜ、さらに1分ほど加熱してザルにあげ、水気をきって冷ます。

3　別の容器に **2** の1/2量を入れ、Ⓐを加えてあえる（**2** の残りは「わかめとあみえびのスープ」に使用する）。

・切りやすく、火の通りが早い野菜で時短。

・Ⓐを倍量にして、**2** の全量をナムルにしてもOKです。

▶ **Arrange**

ニラは小松菜や冷凍ほうれん草でもOK。

Ⓒ サブ　わかめとあみえびのスープ

冷蔵 **3**日　保存期間　❄ **14**日　冷凍可

🥄 **材 料**

（大人 2 人 ＋ 子ども 1 人 ✕ 1 食分）

カットわかめ（乾燥）… 大さじ1（約 2.5 g）
レンジ加熱済みのニラ・もやし
　（「ニラともやしのナムル」用より
　　取り分け）…1/2 量
あみえび（乾燥）…小さじ2（4 g）
水 …300ml
Ⓐ しょうゆ…小さじ1
　ごま油、粉末和風だしの素
　　…各小さじ1/2

🍴 **作 り 方**

1　耐熱ボウルにわかめを指で小さくくだいて入れ、水、あみえびを入れて（写真c）ふんわりラップをかけ、電子レンジで4分ほど加熱する。

2　「ニラともやしのナムル」の **2** より取り分けたレンジ加熱済みのニラ・もやし、Ⓐを加えて混ぜる。

あみえびとわかめのだしが出るので風味豊かに。カルシウムなどのミネラルが補給できます。

30分以内でできる
段取り例

Ⓑの食材を切り、レンジにかける ➡ Ⓒをレンジにかける ➡ Ⓐの食材を切り、レンジにかける ➡ Ⓑの味つけをする ➡ Ⓒにニラともやしを加え、味つけをする

やさしい味で食べやすい

自家製だれ

あると便利な万能調味料もレンジ加熱で手軽に作れます。手作りなので、塩気がマイルドで子どもでも食べやすく、添加物がなくて安心です。加熱時間が短くアルコールが残りやすいため、酒やみりんも不使用に。

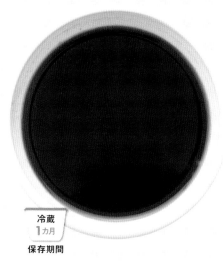

めんつゆ

（3倍濃縮）

冷蔵
1カ月
保存期間

> **memo**
> ・だし昆布、干ししいたけの代わりに粉末和風だしの素小さじ1/4にしてもOK。
> ・残っただし昆布、干ししいたけは刻んでごはんに混ぜると無駄がありません。

材料 （作りやすい分量）

しょうゆ … 大さじ2
水 … 大さじ1
砂糖 … 大さじ1/2

だし昆布（2×3cm大）… 3枚
干ししいたけ（スライス）… 1枚
かつお削り節 … 大さじ1

作り方

1 耐熱容器にすべての材料を入れて混ぜ、ラップをかけずに電子レンジで1分ほど加熱する。

2 冷めたらザルでこす。

使い方

・うどんやそうめんのつけつゆ
・煮物の味つけ

フレンチドレッシング

冷蔵
1週間
保存期間

材料 （作りやすい分量）

A 玉ねぎ（すりおろす）
 … 大さじ1
 水 … 小さじ2
 酢 … 小さじ1
 砂糖 … 小さじ1/2
 塩、顆粒昆布だしの素
 … 各小さじ1/4
菜種油 … 大さじ1〜2

作り方

1 耐熱容器に A を入れて混ぜ、ラップをかけずに電子レンジで1分ほど加熱する。

2 菜種油を少しずつ加え、よく混ぜる。

使い方

・加熱した魚や肉にかける
・下ごしらえしたブロッコリー（P.90参照）にかける

> **memo**
> ・電子レンジにかけることで玉ねぎの辛みや酢の酸味がやわらぎます。
> ・大人はマスタードやこしょうを加えると◎。

すし酢

🥄 **材料** （作りやすい分量）

酢 … 大さじ3
砂糖 … 小さじ2
塩 … 小さじ1/2
だし昆布（2×3cm大）… 1枚

memo

うまみが出るので、だし昆布は
1日ほど入れたまま保存するの
がおすすめです。

🍴 **作り方**

耐熱容器にすべての材料を
入れて混ぜ、ラップをかけ
ずに電子レンジで1分ほど
加熱し、混ぜる。

🍴 **使い方**

・ごはんに混ぜてすし飯に
・サラダのドレッシング

冷蔵
2カ月
保存期間

🥄 **材料** （作りやすい分量）

しょうゆ、りんご（すりおろす）
　　… 各大さじ2
ごま油 … 小さじ2
砂糖 … 小さじ1
片栗粉、にんにく（すりおろす）
　　… 各小さじ1/4

memo

・りんごの甘みとコクで、子ど
もでも食べやすい味わいに。
・大人はこしょうを加えると◎。

🍴 **作り方**

耐熱容器にすべての材料を
入れて混ぜ、ふんわりラッ
プをかけて電子レンジで1
分30秒ほど加熱し、混ぜ
る。

🍴 **使い方**

・肉野菜炒めの味つけ
・下ごしらえしたキャベツ
（P.88参照）にかける

焼き肉のたれ

冷蔵
2週間
保存期間

🥄 **材料** （作りやすい分量）

みそ … 大さじ2
水 … 大さじ3
砂糖 … 小さじ2
片栗粉 … 小さじ1/2
顆粒昆布だしの素 … 小さじ1/4

memo

・甘みのあるみそだれで、
野菜が食べやすくなります。
・大人はゆずこしょうを加
えると◎。

🍴 **作り方**

耐熱容器にすべての材料を
入れて混ぜ、ふんわりラッ
プをかけて電子レンジで1
分30秒ほど加熱し、混ぜ
る。

🍴 **使い方**

・豆腐にかける
・焼きおにぎりにぬる
・下ごしらえしたにんじん
（P.80参照）にかける

冷蔵
1週間
保存期間

甘みそだれ

先生教えて!

子どもの食事Ⓠ&Ⓐ

子どもは成長するとともに好みや自我が出てきて、食事も一筋縄ではいかないことも。ここでは、幼児食についてよくある疑問・悩みにお答えします。

→P.65
焼きそば

→P.75
おにぎり

おかずの素(P.63〜)を使った
アレンジメニューも試してみて!

Ⓠ 子どもが偏食。炭水化物しか食べないのですがどうすればいいですか?

Ⓐ 好きなメニューに、タンパク質や野菜を少しずつ加えて

食べ物の好き嫌いは誰にもあるものですが、野菜を全く食べないなど、偏りが大きく食事量も少ないと栄養不足が心配になります。おすすめの対策は2つ。

❶「全粒穀物」や「いも類」で栄養を補う

同じ炭水化物でも、精製された白いごはん・パン・麺類よりも、胚芽米や雑穀米、胚芽パン、全粒パスタ、オートミールなどの「全粒穀物」や「いも類」のほうがより多くの栄養素や食物繊維が摂れます。まずは摂取する炭水化物の種類を変えて、タンパク質や野菜不足による、たりない栄養素を補うと良いでしょう。

❷好きなものに混ぜて、食べられたという経験を重ねる

偏食の原因はさまざまですが、おいしく食べられた経験を重ねることで改善されていく傾向があります。無理強いするのではなく、おにぎりやサンドイッチ、焼きそばなど、お子さんが好きなメニューの中にタンパク質や野菜を少しずつ加えながら、気長に続けていきましょう。

その他、簡単なお手伝いなど料理体験を通して食の興味を広げることも有効です。焦らず工夫していきましょう。

Ⓠ ミルク、母乳が終わってから牛乳が大好き。たくさん飲ませて大丈夫でしょうか?

Ⓐ 食事に影響がないように、1日の摂取量に気をつけて

牛乳は糖質、タンパク質、脂質、カルシウムなどをバランス良く含む栄養価の高い食品ですが、飲みすぎると脂質の摂りすぎやおなかいっぱいになり食事が入らなくなる心配も。特に幼児期は他の食品もバランス良く食べ、噛む練習をすることが大切なので、牛乳の摂りすぎには気をつけたいところです。

摂取量は、朝食とおやつなどに1日300 gまで(ヨーグルトやチーズなどの乳製品も含む)を目安にすると良いでしょう。牛乳を飲むときは、哺乳瓶やストローマグではなく、コップに少量入れ、自分でコップを持って飲むようにすると一気飲みを予防できます。

※同様にジュースも飲みすぎに注意が必要です。

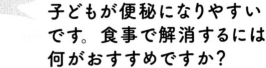

→P.119
水切りヨーグルトの
ブルーベリーソースがけ

水切りヨーグルトはおやつに
食べやすくておすすめ！

Q ファストフードって あげてもいいの？

A できれば控えるのが安心。食べる 場合は量や調味料に気をつけて

ファストフードのメニューは多くが大人向けの味つけで、脂質、食塩、砂糖、香辛料が多いため、子どもの体には負担になる恐れがあります。特に1、2歳代は控えたほうが安心です。

日常的に摂るとインパクトの強い味を常に欲しがるようになったり、ソフトな食感のため噛む回数が減って食べすぎてしまったりすることも。食べる場合は、ポテトを塩なしにしてもらう、ケチャップやソースをつけない、甘いジュースは避けるなどの配慮をしつつ、たまに食べるお楽しみ程度にすると良いでしょう。

Q 子どもが便秘になりやすい です。食事で解消するには 何がおすすめですか？

A 食物繊維が豊富な食品や 発酵食品を摂りましょう

体質もあり、食事だけで解消するのは難しいこともありますが、食事量が少ないと便量も減り、便秘になることで食欲も出ないという悪循環になりがちです。

主食のごはんをしっかり食べ、さらに、いも類、豆類、野菜、果物、きのこ、海藻といった食物繊維が豊富な食品を取り入れると良いでしょう。あわせて、ヨーグルト、納豆などの発酵食品を摂り、腸内環境を活性化することもおすすめです。腸の働きはストレスなどによる自律神経の乱れ、運動不足なども関係するので、食事内容とともに生活リズムも見直しましょう。

Q 子どもがいると慌ただしくて ごはんを用意するのが大変。 いつ、どうやって作るのが いいのでしょうか？

→P.76 ベジタブルチキンライス

市販の冷凍チキンナゲットで

A レンジ調理や市販品なども活用し、 食材の下ごしらえを効率化しましょう

できるときにできるところまでで良いので、素材の下ごしらえを効率化することがコツ。手が離せるレンジ調理の作りおきが役立ちます。本書のpart2（P.63〜）、part3（P.79〜）なら、スキマ時間に下ごしらえと仕上げを分けて調理できるため、参考にしてみてください。

すべてを一から手作りするのは大変なので、

本書のP.76〜「市販の冷凍・レトルト食品アレンジ」も参考に、子どもが食べても安心な市販品やストック食品も適宜利用すると良いでしょう。子どもは案外、手のかかる料理よりもシンプルなものが好き。作る時間はなるべく短く、楽しく食べる時間を大切に、ライフスタイルに合わせて無理なく工夫していきましょう。

簡単なものしか作れていません。ごはん作りで最低限おさえるべきポイントを教えてください

A 必要な栄養素をバランス良く摂取できれば品数はこだわらなくてもOK

体に必要な栄養素は、一度に多く摂ってもためておくことができないため、毎日補給する必要があります。簡単なもので良いので、1日の中でバランス良く摂ることが理想ですが、難しい日もあります。1〜2週間単位で調整しながら、1食、1日単位でも、P.18、20を参考に「炭水化物＋タンパク質＋ビタミン・ミネラル」が摂れるようなメニューを意識すると良いでしょう。

完璧を目指す必要はありませんが、毎日の心がけが子どもの成長や健康維持につながります。調理のいらない食品、ストック食品、乾物などをプラスするだけでも手軽にバランスアップできるので試してみてください。

（例）
・納豆しらす丼＋トマト
・かぼちゃトースト＋ウインナーソーセージ＋バナナキウイヨーグルト
・ツナとインスタントスープのうどん＋ブロッコリー＋チーズ

完璧じゃなくてもOK！食べることを楽しんで

食事前にお菓子をあげてもいいですか？

A あげる場合は食事に影響しない少量に。料理のお手伝いや味見をしてもらうのもおすすめです

帰宅後、空腹でごはんが待てない場合は、甘くないお菓子を食事に影響しない程度に少量あげても構いません。お菓子ではなく、食事の一部（ごはん、みそ汁、ゆで野菜など）を「味見」と称して少量食べながら、簡単な食事のお手伝いにつなげてもいいですね。P.106〜の「即席！ 前菜レシピ」もおすすめです。

お菓子は楽しみのひとつでもありますが依存性も高いため、パッケージごと出さずに器に少量盛りつける、水や麦茶を添えるなど、食べすぎや虫歯を予防するように配慮しましょう。

part **2**

そのままでもアレンジでも！

おかずの素で作る
メインおかず

タンパク質、ビタミン・ミネラルがバランス良く摂れる
「おかずの素」があれば、料理のバリエーションが増えま
す。おかずの素はそのまま食卓に出しても良いですし、
保存しておいて、食べるときにひと手間加えても OK。

おかずの素
を作る

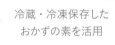

冷蔵・冷凍保存した
おかずの素を活用

おかずの素でアレンジメニュー

おかずの素をそのまま食卓へ

食欲をそそる
やさしい
甘辛味

冷蔵
4日
保存期間

❄
14日
冷凍可

 Base 鶏ごぼうひじき煮

🥄 材料

（大人2人➕子ども1人✕2食分）

鶏ひき肉 … 250g
にんじん … 1本（約140g）
ごぼう … 1本（約70g）
ひじき（ドライパック）
　　… 1個（50g）
水 … 大さじ3
Ⓐ しょうゆ、砂糖 … 各小さじ2

🍴 作り方

1 にんじんは2cm長さの細切りにし、ごぼうはピーラーでそいで水洗いし、1〜2cm長さに切る。

2 耐熱容器に 1 、ひき肉、水を入れ、ふんわりラップをかけて電子レンジで4分ほど加熱する。

3 いったん取り出し、ひじき、Ⓐを加えて混ぜ、ふんわりラップをかけてさらに2分ほど加熱する。

👉 Point

ごぼうは薄くそいで短く刻むと食べやすく、味しみも良くなります。市販の冷凍ささがきごぼうをレンジ解凍して刻んでもOK。

64

Arrange 焼きそば

材料 （大人2人＋子ども1人×1食分）

鶏ごぼうひじき煮
　… 1/2量（約280g）

焼きそば用蒸し中華麺
　… 2〜3玉
中濃ソース … 大さじ2
青のり … 少々

作り方

1 中華麺は半分に切る。

2 耐熱容器に**1**、**鶏ごぼうひじき煮**、ソースを入れてふんわりラップをかけ、電子レンジで4分ほど加熱する。いったん取り出して混ぜ、ふんわりラップをかけてさらに1分ほど加熱する。

3 器に盛り、青のりをふる。

▶ **1歳半〜2歳 Arrange**

中華麺は弾力があって食べにくい場合は、キッチンバサミで切り、水大さじ1ほどをかけ、さらに電子レンジで1分ほど加熱してやわらかくしましょう。

Arrange 豆腐ハンバーグ

材料 （大人2人＋子ども1人×1食分）

鶏ごぼうひじき煮
　…1/2量（約280g）

木綿豆腐 …100g
片栗粉 …大さじ1

作り方

1 平たい耐熱皿に豆腐をのせ、ふんわりラップをかけて電子レンジで2分ほど加熱する。ザルにあげて水気をきり、ペーパータオルで包み、冷ます。

2 耐熱皿にクッキングシートをしく。ポリ袋に**1**、**鶏ごぼうひじき煮**、片栗粉を入れてよく混ぜる。袋の口を閉じて片端を2.5cm幅に切り、肉ダネを直径3〜4cm大に絞り出し、小判形にととのえて並べる。

3 ラップをかけずに電子レンジで3分ほど加熱する。いったん取り出し、上下を返してラップをかけずにさらに1分ほど加熱する。

👆 Point

鶏ごぼうひじき煮は粗みじん切りにするとさらに食べやすくなります。レシピより多く作る場合は様子を見ながら片栗粉を増やしてください。

ポリ袋を使って
絞るから
丸めやすい！

ハードルの高い
煮物も
レンチンなら
手軽!

冷蔵
4日

※
14日

保存期間　冷凍可

 Base # 高野豆腐とにんじん煮

材料

(大人2人＋子ども1人✕2食分)

高野豆腐(乾燥) … 4枚(約70g)
　※一口サイズの高野豆腐でも可
にんじん … 1本(約140g)
さやいんげん … 4本(約30g)
Ⓐ 水 … 400ml
　砂糖 … 小さじ1
　粉末和風だしの素
　　… 小さじ1/2
　塩 … 小さじ1/3
しょうゆ … 小さじ1/2

作り方

1 にんじんは5mm厚さ×2〜3cm大の乱切りにし、さやいんげんは斜め薄切りにする。

2 耐熱容器にⒶを入れて混ぜ、高野豆腐を浸して戻し、取り出して1cm厚さ×2〜3cm大に切って容器に戻す。にんじんを加えて下にしずめ、ふんわりラップをかけて電子レンジで8分ほど加熱する。

3 いったん取り出し、さやいんげん、しょうゆを加えてふんわりラップをかけ、さらに2分ほど加熱する。

☞ Point

・高野豆腐は味つきのだし汁で戻すと煮くずれしにくくなります。

・にんじんがやわらかくなったら、いんげん、しょうゆを加え、色良く仕上げます。

66

Arrange　みそ煮うどん

 材料　（大人2人＋子ども1人×1食分）

高野豆腐とにんじん煮
　… 1/2量（具は約230g）
　※煮汁は約80g（ml）使用。水
　と合わせて計350mlにする。

A 粉末和風だしの素、
　ごま油 … 各小さじ1
　みそ … 大さじ1
ゆでうどん … 2〜3玉

作り方

1　うどんは半分に切る。

2　耐熱容器に1、高野豆腐とにんじん煮を水を合わせた
　煮汁とともに入れ、Aを加えて混ぜ、ふんわりラップを
　かけて電子レンジで5分ほど加熱し、いったん取り出し
　て混ぜる。しっかり温まるまでさらに1分ほどずつ様子
　を見ながら加熱する。

▶ **1歳半〜2歳 Arrange**
でき上がりをキッチンバサミで食べやすく切りましょう。

大人 Arrange
食べるときに七味唐辛子をふっても。

Arrange　卵とじ丼

材料　（大人2人＋子ども1人×1食分）

高野豆腐とにんじん煮
　… 1/2量（具は約230g）
　※煮汁は約80g（ml）使用。水
　と合わせて計100mlにする。

A 卵 … 2個
　しょうゆ … 小さじ1/2
温かいごはん … 適量

作り方

1　耐熱容器に高野豆腐とにんじん煮を水を合わせた煮汁
　とともに入れ、混ぜ合わせたAを回しかける。

2　ふんわりラップをかけて電子レンジで2分ほど加熱す
　る。卵が固まるまでさらに1分ほどずつ様子を見ながら
　加熱し、蒸らす。

3　器にごはんを盛り、2をのせる。

 Point

卵は加熱しすぎるとかたくなったり、破裂したりする恐
れもあるため、様子を見ながら加熱しましょう。

うまみたっぷりの
煮汁も活用

肉の代わりに
植物性の乾物を使って
栄養たっぷり！

冷蔵 4日	❄ 14日
保存期間	冷凍可

Base 大豆ミートと切り干し大根のカレーそぼろ

🥄 材料

（大人2人＋子ども1人×2食分）

大豆ミート（乾燥・ミンチタイプ）
　… 3/4カップ（約50g）
　※豚ひき肉160gでも可
切り干し大根 … 30g
蒸し大豆 … （あれば）1袋（60g）
切り干し大根の戻し汁＋水
　… 計300ml
　※ひき肉を使う場合は200mlに
Ⓐ しょうゆ、菜種油
　　… 各小さじ2
　片栗粉、顆粒野菜ブイヨンの
　　素、砂糖 … 各小さじ1
　カレー粉 … 小さじ1/2弱

🍴 作り方

1 耐熱ボウルに切り干し大根とかぶるくらいの水（分量外）を入れ、ふんわりラップをかけて電子レンジで4分ほど加熱し、冷めたら取り出してみじん切りにする。あれば蒸し大豆は粗く刻む。

2 耐熱ボウルに1の切り干し大根の戻し汁と、水を合わせて300mlになるように入れ、切り干し大根と蒸し大豆を入れ、大豆ミート（写真a）、Ⓐを加えて混ぜる。ふんわりラップをかけて電子レンジで3分ほど加熱する。いったん取り出して混ぜ、ふんわりラップをかけてさらに3分ほど加熱する。

👆 Point

a

・大豆ミートは大豆からタンパク質を取り出し、見た目や食感を肉のように加工した乾物。ソイミートやベジミートとも呼ばれ低脂質で、高タンパク。

・電子レンジなら乾物を戻しながら加熱できます。

・大豆ミートのにおいが気になる場合は、2の前に別の耐熱ボウルに水200mlと大豆ミートを入れてふんわりラップをして電子レンジで3分ほど加熱し、水洗いして絞ります。その際、2で入れる切り干し大根の戻し汁と水は合わせて200mlになるようにしてください。

Arrange タコライス

🥄 材 料 （大人2人＋子ども1人✕1食分）

大豆ミートと切り干し大根の
カレーそぼろ … 1/2量（約250 g）
🅐 トマトケチャップ、水
　… 各大さじ1

温かいごはん、レタス、
ミニトマト、シュレッド
チーズ … 各適量

🍴 作り方

1　レタスは2〜3cm長さの細切りにし、ミニトマトは小さく切る。シュレッドチーズは2cm長さほどに切る。

2　耐熱容器に**大豆ミートと切り干し大根のカレーそぼろ**、🅐を入れて混ぜ、ふんわりラップをかけ、電子レンジで2分ほど加熱する。

3　器にごはんを盛り、2をかけ、レタス、チーズ、ミニトマトを順にのせる。

▶ **大人 Arrange**

食べるときにタコソース、チリソースなどをふっても◎。

Arrange ジャージャー麺

🥄 材 料 （大人2人＋子ども1人✕1食分）

大豆ミートと切り干し大根の
カレーそぼろ … 1/2量（約250 g）
🅐 しょうゆ、片栗粉
　… 各小さじ1/2
水 … 大さじ5

きゅうり … 1/2本
焼きそば用蒸し中華麺
　… 2〜3玉

🍴 作り方

1　中華麺は半分に切り、平たい耐熱皿に入れて水大さじ2〜3（分量外）をふり、ふんわりラップをかけ、電子レンジで3分ほど加熱してほぐす（子ども用はキッチンバサミなどで切り、水大さじ1ほどをかけてさらに1分ほど加熱しても良い）。きゅうりは短い千切りにする。

2　耐熱容器に**大豆ミートと切り干し大根のカレーそぼろ**、🅐を入れて混ぜ、ふんわりラップをかけて電子レンジで3分ほど加熱する。

3　器に1の麺を盛り、2をかけ、きゅうりをのせる。

▶ **大人 Arrange**

オイスターソースや甜麺醤、ラー油などを加えても。

食欲をそそる
ガーリック風味で
大人も子どもも大満足！

冷蔵
4日

❄
14日

保存期間　冷凍可

鶏ささみと小松菜のガーリック蒸し

🥄 材料

（大人2人 ➕ 子ども1人 ✖ 2食分）

鶏ささみ（筋なし）
　… 4本（約240ｇ）
小松菜 … 1把（約180ｇ）
塩 … 小さじ1/4
にんにく（すりおろす）
　… 小さじ1/2
水 … 大さじ1
オリーブオイル … 大さじ1

🍴 作り方

1　小松菜は2cm大に切る。

2　耐熱容器にささみを入れ、塩、にんにく
　をまぶし、水をふる。ふんわりラップを
　かけて電子レンジで3分ほど加熱する。

3　いったん取り出して裏返し、小松菜をの
　せてふんわりラップをかけ、さらに3分
　ほど加熱する。

4　オリーブオイルをかけ、ささみを細かく
　ほぐしながら混ぜる。

👆 **Point**

生のにんにくは刺激が強く、
子どもにはNGですが、少
量を加熱すれば風味がアッ
プし、おいしく食べられます。
においが気になる場合は
省いても良いです。

Arrange スパゲッティ

材料　（大人2人＋子ども1人×1食分）

鶏ささみと小松菜のガーリック
ソテー … 1/2量（約200ｇ）
スパゲッティ（1.4mm太さ）
　… 150ｇ
水 … 400ml

塩 … 少々
Ⓐ オリーブオイル … 大さじ1
　しょうゆ … 小さじ1
粉チーズ … （好みで）適量

作り方

1 深めの耐熱容器に半分に折ったスパゲッティ、水、塩を入れる。ラップをかけずに電子レンジで8分ほど加熱し（袋のゆで時間5分の場合）、ザルにあげて水気をきり、容器に戻す。

2 鶏ささみと小松菜のガーリックソテーを加え、ふんわりラップをかけてさらに2分ほど加熱し、Ⓐを混ぜる。

3 器に盛り、好みで粉チーズをふる。

▶ **1歳半〜2歳 Arrange**

でき上がりをキッチンバサミで食べやすく切ります。かたい場合は水大さじ1をふり、さらに1分ほど加熱を。

大人 Arrange

食べるときにスパイスソルトなどをふってもOK。

Arrange 豆腐パン粉焼き

材料　（大人2人＋子ども1人×1食分）

鶏ささみと小松菜のガーリック
ソテー … 1/2量（約200ｇ）
木綿豆腐 … 200ｇ
しょうゆ … 小さじ1/2

マヨネーズ
　… 大さじ1ほど
パン粉
　… 大さじ2ほど

作り方

1 豆腐は1cm厚さ×2〜3cm大に切る。

2 平たい耐熱皿に *1* を並べ入れ、しょうゆをかける。**鶏ささみと小松菜のガーリックソテー**をのせ、マヨネーズを線を描くようにかけ、パン粉をふる。ラップをかけずに電子レンジで3分ほど加熱する。

▶ **Arrange**

マヨネーズの代わりにオリーブオイル小さじ2をパン粉に混ぜても。

ラップをしないことで
パン粉をサクッと
仕上げて

野菜を細かく
刻んでいるので
野菜が苦手な子でも
食べやすい

冷蔵 **4**日 保存期間
❄ **14**日 冷凍可

Base 鮭ときのこ・ピーマンのソテー

🍴 材料

（大人2人➕子ども1人✖2食分）

甘塩鮭（切り身）… 2切れ（約200g）
　※生鮭に塩少々をふったもので
　　も可
玉ねぎ … 1/2個（約100g）
エリンギ … 2本（約80g）
ピーマン … 3個（約70g）
水 … 大さじ2
バター … 小さじ2
　※オリーブオイル大さじ1でも可

🍴 作り方

1. 玉ねぎ、エリンギ、ピーマンはみじん切りにする。

2. 耐熱容器に *1* を入れ、水気を拭いた鮭をのせて水をふる。ふんわりラップをかけて電子レンジで5分ほど加熱し、ザルで受けながら水気をきる。

3. 鮭を取り出し、皮、骨を除いてほぐして戻し、バターを加えて混ぜ、ラップをせずに電子レンジで1分ほど加熱する。

ちょっと待っててね♥

朝ごはんにも
おすすめ

Arrange ピザパン

🥄 **材料**（大人2人＋子ども1人×1食分）

鮭ときのこ・ピーマンのソテー
　… 1/2量（200g）

食パン（8枚切り）… 3〜4枚
シュレッドチーズ
　… 1/2カップ（約40g）

🍴 **作り方**

1　食パンに**鮭ときのこ・ピーマンのソテー**を広げ、チーズをのせる。

2　平たい耐熱皿にクッキングシートをしく。1を1枚のせ、電子レンジでチーズが溶けるまで1分30秒ほど加熱し、食べやすい大きさに切る。残りも同様に作る。

Arrange ピラフ風混ぜごはん

🥄 **材料**（大人2人＋子ども1人×1食分）

鮭ときのこ・ピーマンのソテー
　… 1/2量（約200g）

温かいごはん
　… 茶碗2〜3杯分

🍴 **作り方**

1　耐熱容器に**鮭ときのこ・ピーマンのソテー**を入れてふんわりラップをかけ、電子レンジで2分ほど加熱する。

2　ごはんに1を混ぜる。

▶ **大人 Arrange**

食べるときに粉チーズや黒こしょうをふっても◎。

マヨネーズと
みそのコクで
さばが食べやすい

冷蔵
4日
14日
保存期間　冷凍可

Base さば缶と野菜の みそマヨそぼろ

材料

（大人2人＋子ども1人✕2食分）

さば缶（水煮）… 1個（190ｇ）
にんじん … 1本（約140ｇ）
長ねぎ … 1本（約80ｇ）
Ⓐ マヨネーズ … 大さじ1
　 みそ … 小さじ1

作り方

1　にんじん、長ねぎはみじん切りにする。

2　耐熱容器に **1**、さば（汁ごと）を入れ、ふんわりラップをかけて電子レンジで6分ほど加熱する。

3　いったん取り出してザルで受けながら軽く汁をきり、Ⓐを加えてさばをほぐしながら混ぜる。ラップをかけずに電子レンジで1分ほど加熱する。

Point

さば缶は1歳半～2歳頃には無塩がおすすめです。塩が添加されている場合は、材料のマヨネーズを小さじ1に減らします。

・さばは破裂しやすいので、**2**で取り出す際は要注意。

Arrange 厚揚げの そぼろあんかけ

🥄 材料 （大人2人＋子ども1人✕1食分）

さば缶と野菜のみそマヨそぼろ
　… 1/2量（約200g）
厚揚げ … 150〜200g

Ⓐ 水 … 100ml
　片栗粉 … 小さじ1
　粉末和風だしの素、
　しょうゆ
　　… 各小さじ1/2
小ねぎ（小口切り）
　… （あれば）1本

🍴 作り方

1 厚揚げは1cm厚さ×2cm大に切る。

2 耐熱容器にさば缶と野菜のみそマヨそぼろ、Ⓐを入れて混ぜ、1をのせる。ふんわりラップをかけて電子レンジで4分ほど加熱し、混ぜる。

3 器に盛り、あれば小ねぎを散らす。

Arrange おにぎり

🥄 材料 （大人2人＋子ども1人✕1食分）

さば缶と野菜のみそマヨそぼろ
　… 1/2量（約200g）

温かいごはん
　… 茶碗2〜3杯分
焼きのり … 適量

🍴 作り方

1 耐熱容器にさば缶と野菜のみそマヨそぼろを入れてふんわりラップをかけ、電子レンジで2分ほど加熱する。

2 ごはんに1を混ぜ、ラップで（または使い捨てビニール手袋をして）食べやすい大きさに握り、のりを巻く。

作りおきがないときでもパパッとできる！

市販の冷凍・レトルト食品アレンジ

ストックできる市販の冷凍食品やレトルト食品はおかずの作りおきがないときの強い味方！ 市販品にひと手間加えるだけで、上手に手を抜きつつ、栄養面もカバーできるメニューに変身します。

※市販品はメーカーによって塩分が異なるため、味見をしながら塩分調整をしてください。レトルト品は甘口のものや子ども向けのものを使用しています。

冷凍チキンナゲットを
アレンジ

ベジタブルチキンライス

🍴 材料 （大人2人＋子ども1人✕1食分）

冷凍チキンナゲット … 10個
冷凍ミックスベジタブル … 1と1/2カップ（約120ｇ）
温かいごはん … 茶碗2〜3杯分
トマトケチャップ … 大さじ1
バター（またはオリーブオイル） … 小さじ2

🍴 作り方

1 耐熱容器に冷凍チキンナゲット、冷凍ミックスベジタブルを入れ、ラップをかけずに5分ほど加熱する。

2 ナゲットをキッチンバサミなどで小さく切り、ごはん、ケチャップ、バターを加えて混ぜる。

冷凍中華丼のあんを
アレンジ

枝豆入り
中華あんかけうどん

🍴 材料 （大人2人➕子ども1人✕1食分）

冷凍中華丼のあん … 2個
冷凍塩ゆで枝豆（さやつき） … 1カップ（約80ｇ）
冷凍うどん … 2〜3玉
水 … 100ml

🍴 作り方

1　耐熱容器に冷凍枝豆を入れ、ふんわりラップをかけて電子レンジで2分ほど加熱する。冷めたらさやから出し、粗く刻む。

2　冷凍中華丼のあんは表示通りに電子レンジで加熱し、耐熱容器に入れる。1、水を加え、ふんわりラップをかけてさらに2分ほど加熱する。

3　冷凍うどんは表示通りに電子レンジで加熱し、子ども用は食べやすい長さに切って器に盛り、2をかける（子ども用は魚介も細かく切ると良い）。

ぎょうざスープ

冷凍ぎょうざを
アレンジ

🍴 材料 （大人2人➕子ども1人✕1食分）

冷凍ぎょうざ … 10個
冷凍ほうれん草 … 1カップ（約60ｇ）

Ⓐ 水 … 300ml
　顆粒鶏ガラスープの素 … 小さじ1/2
　ごま油、しょうゆ … 各小さじ1/2

🍴 作り方

1　耐熱容器に冷凍ぎょうざと冷凍ほうれん草を広げ、ふんわりラップをかけて電子レンジで5分ほど加熱する。

2　いったん取り出してⒶを加え、ふんわりラップをかけてさらに2分ほど加熱し、ごま油、しょうゆを混ぜる。
　※子ども用はキッチンバサミなどで食べやすい大きさに切る。

レトルト鮭フレークを
アレンジ

アボカド鮭納豆丼

🍴 材料 （大人2人➕子ども1人✕1食分）

レトルト鮭フレーク … 1/4カップ
冷凍アボカド … 100ｇ
　※生のアボカド1個でも可

小粒納豆（たれつき） … 2〜3パック
温かいごはん、焼きのり … 各適量

🍴 作り方

1　冷凍アボカドは自然解凍し、1〜2cm角に切る。納豆はたれを混ぜる（子ども用はたれを半量にする）。

2　器にごはんを盛り、食べやすくちぎったのり、納豆、鮭フレーク、アボカドをのせる。

レトルトハッシュドビーフを
アレンジ

トマトハヤシライス

🥄 材料 （大人2人➕子ども1人✖1食分）

レトルトハッシュドビーフ
　… 1袋（180g）
Ⓐ 牛乳（または水）… 大さじ4
　トマトペースト
　　… （あれば）小さじ1
　片栗粉 … 小さじ1/2

冷凍いんげん … 30g
温かいごはん … 適量

🍴 作り方

1　耐熱容器にハッシュドビーフ、Ⓐを入れて混ぜ、ふんわりラップ
　をかけて電子レンジで2分30秒ほど加熱する。

2　平たい耐熱皿に冷凍いんげんをのせ、ふんわりラップをかけて
　電子レンジで1分30秒ほど加熱し、キッチンバサミなどで短く
　切る。

3　器にごはんを盛り、1をかけ、2をのせる。

レトルトカレー（甘口）を
アレンジ

カレードリア

🥄 材料 （大人2人➕子ども1人✖1食分）

子ども用レトルトカレー（甘口）… 2袋（140g）
温かいごはん … 茶碗2杯（約300g）
牛乳 … 大さじ3
シュレッドチーズ … 1/2カップ（約40g）
　※ちぎったとけるスライスチーズでも可

🍴 作り方

1　耐熱容器にごはんを入れ、牛乳をかけて軽く混ぜる。

2　カレーをかけ、チーズをのせ、ラップをかけずに電子レンジで3
　分ほど加熱する。

レトルトミートソースを
アレンジ

チリビーンズ

🥄 材料 （大人2人➕子ども1人✖1食分）

レトルトミートソース … 1袋（220g）
ミックスビーンズ水煮（缶）… 1個（120g）
プレーンヨーグルト … 大さじ3
パン（または温かいごはん）… （好みで）適量

🍴 作り方

1　ミックスビーンズは水気をきって半分に切る。

2　耐熱容器に1、ミートソース、ヨーグルトを入れて
　混ぜ、ふんわりラップをかけて電子レンジで3分ほ
　ど加熱する。

3　器に盛り、好みでパンを添える。
　※大人は粉唐辛子やタバスコをふっても。

part **3**

【食材別】

下ごしらえ食材を使って
スピードサブおかず

ちょっと作業できる時間を見つけたら、野菜やきのこを
切って加熱しておきましょう。下ごしらえしておけば、
そのまま食べたり、再加熱するときにアレンジしたりと
便利。食事前の調理時間が短くてすみます。

野菜・きのこを
下ごしらえする

冷蔵・冷凍保存した
下ごしらえ済み
食材を活用

食べられるなら

子どもは味つけなしでも♪

下ごしらえ食材でアレンジメニュー

そのまま食べて素材の味を味わう

下ごしらえ

（作りやすい分量）

1. にんじん1本（約140ｇ）を7〜8mm角×4cm長さの棒状に切る。

2. 耐熱容器に1を入れ、水大さじ2をふる。ふんわりラップをかけて電子レンジで3分30秒ほど加熱し、そのまま置いて余熱で蒸らす。冷蔵保存する。

冷凍するなら

ジッパーつき冷凍用保存袋に下ごしらえしたにんじんを入れ、できるだけバラバラにして空気を抜き冷凍室へ入れる。

市販品OK！

写真右のような小さめカット品も表示通りに解凍し、同様に調理可。

解凍方法

そのまま食べる場合は、耐熱容器に使う分量を入れ、ふんわりラップをかけて電子レンジで温まるまで加熱する（70ｇで2分ほどが目安）。

にんじん

加熱するとやわらかくなり、甘みが出るので、使いやすい野菜。棒状に切ると手づかみしやすく、1〜2歳の子でも食べやすいです。

| 栄養 | βカロテンや、食物繊維、カリウムなどが豊富 |
| 旬 | 通年（主に9〜12月頃） |

Base

冷蔵 **3**日 保存期間

❄ **14**日 冷凍可

Arrange にんじんの バターソテー

🍴 材料 （大人2人＋子ども1人×1食分）

にんじん（下ごしらえしたもの）
… 1/2量

バター … 小さじ1
乾燥パセリ …（あれば）少々

🍴 作り方

1. 耐熱容器ににんじん、バターを入れ、ふんわりラップをかけて電子レンジで1分ほど加熱する。
※にんじんが冷凍の場合は、加熱時間は2分ほどにする。

2. 器に盛り、あれば乾燥パセリをふる。

▶ 大人 Arrange

食べるときに粗びき黒こしょうをふってもOK。

にんじんの
わかめふりかけ煮

 材料 （大人2人➕子ども1人✖1食分）

にんじん（下ごしらえしたもの）
… 1/2量

わかめふりかけ … 小さじ2
水 … 大さじ1

 作り方

耐熱容器にすべての材料を入れ、ふんわりラップをかけて
電子レンジで1分30秒ほど加熱する。
※にんじんが冷凍の場合は、加熱時間は2分30秒ほどに
する。

にんじんとツナの
スープ蒸し

 材料 （大人2人➕子ども1人✖1食分）

にんじん（下ごしらえしたもの）… 1/2量
ツナ缶（水煮）… 1個（80g）
　※食塩不使用の場合は、塩少々を加える。

 作り方

耐熱容器ににんじん、ツナ（汁ごと）を入れ、ふんわりラッ
プをかけて電子レンジで2分ほど加熱する。
※にんじんが冷凍の場合は、加熱時間は3分ほどにする。

下ごしらえ

（作りやすい分量）

1 玉ねぎ1個（約200ｇ）を1.5cm角に切る。

2 耐熱容器に1を入れ、水大さじ2をふる。ふんわりラップをかけて電子レンジで4分ほど加熱し、そのまま置いて余熱で蒸らす。冷蔵保存する。

 冷凍するなら

ジッパーつき冷凍用保存袋に下ごしらえした玉ねぎを入れ、できるだけバラバラにして空気を抜き冷凍室へ入れる。

写真右のような小さめカット品も表示通りに解凍し、同様に調理可。

市販品
OK!

解凍方法

そのまま食べる場合は、耐熱容器に使う分量を入れ、ふんわりラップをかけて電子レンジで温まるまで加熱する（100ｇで2分ほどが目安）。

玉ねぎ

味にクセがなく合わせやすい野菜。加熱すると甘くなり、繊維を断つとやわらかくなります。味がしみやすいので、特に煮物におすすめです。

栄養	ビタミンB1、カリウム、葉酸、食物繊維などが豊富
旬	通年。新玉ねぎは3〜5月

Base

冷蔵 **3**日 ❄ **14**日
保存期間　冷凍可

Arrange
玉ねぎと麩の
みそ煮

🥄 材料 （大人2人＋子ども1人✕1食分）

玉ねぎ（下ごしらえしたもの）
　… 1/2量
おつゆ麩 … 5ｇ（約10個）
青のり … 少々

Ⓐ 水 … 大さじ3
　 みそ … 小さじ1/2
　 粉末和風だしの素
　　 … 小さじ1/4

🍴 作り方

1 耐熱容器にⒶを混ぜ、半分に割った麩を浸し、**玉ねぎ**を加える。ふんわりラップをかけて電子レンジで2分ほど加熱する。
　※玉ねぎが冷凍の場合は、加熱時間は3分ほどにする。

2 器に盛り、青のりをふる。

 Arrange

玉ねぎとウインナーの
ケチャップソテー

 材料 （大人2人＋子ども1人×1食分）

玉ねぎ（下ごしらえしたもの）
　… 1/2量
ウインナーソーセージ（皮なし）
　… 50g

トマトケチャップ
　… 小さじ2
オリーブオイル … 小さじ1

🍴 作り方

1　ウインナーは5mm厚さの輪切りにする。

2　耐熱容器に 1 、残りの材料を入れて混ぜ、ふんわり
　ラップをかけて電子レンジ1分30秒ほど加熱する。
　※玉ねぎが冷凍の場合は、加熱時間は2分30秒ほど
　　にする。

▶ 大人 Arrange

食べるときにタバスコや黒こしょうをふるのもおすすめ。

 Arrange

玉ねぎと
がんもどきの煮物

 材料 （大人2人＋子ども1人×1食分）

玉ねぎ（下ごしらえしたもの）
　… 1/2量
がんもどき（ミニサイズ）
　… 8個（約80g）
水 … 100ml

Ⓐ 粉末和風だし、しょうゆ、
　砂糖 … 各小さじ1/2
※Ⓐはめんつゆ小さじ2で
　も可

🍴 作り方

1　がんもどきは半分に切る。

2　耐熱容器に 1 、残りの材料を入れて混ぜ、ふんわり
　ラップをかけて電子レンジで3分ほど加熱する。
　※玉ねぎが冷凍の場合は、加熱時間は4分ほどにす
　　る。

下ごしらえ

（作りやすい分量）

1. かぼちゃ（種・わたを除く）300gを2cm角に切る。
2. 耐熱容器に1を入れ、水大さじ2をふる。ふんわりラップをかけて電子レンジで4分ほど加熱し、そのまま置いて余熱で蒸らす。冷蔵保存する。

冷凍するなら

ジッパーつき冷凍用保存袋に下ごしらえしたかぼちゃを入れ、できるだけバラバラにして空気を抜き冷凍室へ入れる。

市販品
OK!

解凍し、大きいものは切ってから使用して。

解凍方法

そのまま食べる場合は、耐熱容器に使う分量を入れ、ふんわりラップをかけて電子レンジで温まるまで加熱する（150gで2分30秒ほどが目安）。

かぼちゃ

加熱するとやわらかく、ほくほくした食感に。バランス良く栄養補給ができ甘みがあるので、おかずはもちろん、おやつにもおすすめの野菜です。

栄養	ビタミンA、C、E、ミネラル類、食物繊維などが豊富
旬	8〜11月頃

Base

冷蔵 3日	❄ 14日
保存期間	冷凍可

Arrange かぼちゃのおかか煮

🥄 **材料**（大人2人➕子ども1人✖1食分）

かぼちゃ（下ごしらえしたもの）… 1/2量

かつお削り節 … ひとつまみ（大さじ1ほど）

Ⓐ 水 … 大さじ2
しょうゆ、砂糖 … 各小さじ1/2

🍴 **作り方**

耐熱容器にⒶを入れて混ぜ、**かぼちゃ**を入れ、かつお節をふる。ふんわりラップをかけて電子レンジで2分ほど加熱し、混ぜる。

※かぼちゃが冷凍の場合は、加熱時間は3分ほどにする。

Arrange かぼちゃスープ

🥄 材料 （大人2人➕子ども1人✖1食分）

かぼちゃ（下ごしらえしたもの）
　　… 1/2量
Ⓐ 牛乳 … 300ml
　顆粒野菜ブイヨンの素
　　… 小さじ1
　塩 … 少々

乾燥パセリ
　　…（あれば）適量

🍴 作り方

1 耐熱容器に**かぼちゃ**、Ⓐを入れてふんわりラップをかけ、電子レンジで3分ほど加熱する。
　※かぼちゃが冷凍の場合は、加熱時間は4分ほどにする。

2 ハンディブレンダー（またはミキサー）で撹拌するか、ジッパーつき保存袋に入れてかぼちゃをつぶしながらよく混ぜる。

3 器に入れ、あればパセリをふる。

Arrange かぼちゃの クリームチーズあえ

🥄 材料 （大人2人➕子ども1人✖1食分）

かぼちゃ（下ごしらえしたもの）
　　… 1/2量

クリームチーズ … 30gほど

🍴 作り方

1 クリームチーズは1cm角に切る。

2 耐熱容器に**かぼちゃ**を入れ、ふんわりラップをかけて電子レンジで1分30秒ほど加熱する。
　※かぼちゃが冷凍の場合は、加熱時間は2分30秒ほどにする。

3 クリームチーズを加えてあえる。

▶ **大人 Arrange**

子どもの分を取り分けた後、シナモンをふりかけても。

下ごしらえ

（作りやすい分量）

1. 大根8cm長さ（約240ｇ）を1cm角×4cm長さの棒状に切る。
2. 耐熱容器に *1* を入れ、水大さじ2をふる。ふんわりラップをかけて電子レンジで3分ほど加熱し、そのまま置いて余熱で蒸らす。冷蔵保存する。

冷凍するなら

ジッパーつき冷凍用保存袋に下ごしらえした大根を入れ、できるだけバラバラにして空気を抜き冷凍室へ入れる。

解凍方法

そのまま食べる場合は、耐熱容器に使う分量を入れ、ふんわりラップをかけて電子レンジで温まるまで加熱する（120ｇで2分ほどが目安）。

大根

先の部分は辛みが強いので、子どもには上部〜真ん中を使うのがおすすめ。輪切りにしてから棒状に切るとやわらかく味しみも良くなります。

栄養	ビタミンC、カリウム、カルシウム、食物繊維などが豊富
旬	11月〜2月頃

Base

冷蔵 **3** 日　❄ **14** 日
保存期間　冷凍可

Arrange 大根とあみえびの スープ煮

🥄 **材料** （大人2人 ＋ 子ども1人 ✕ 1食分）

大根（下ごしらえしたもの）
　… 1/2量
あみえび（乾燥）… 大さじ1
　※桜えびを細かくちぎったもの
　　でも可

水 … 50ml
しょうゆ … 小さじ1/2
粉末和風だしの素
　… 小さじ1/4

🍴 **作り方**

耐熱容器にすべての材料を入れて混ぜ、ふんわりラップをかけて電子レンジで2分ほど加熱する。
※大根が冷凍の場合は、加熱時間は3分ほどにする。

大根の
じゃこカレーきんぴら

 材料 （大人2人＋子ども1人×1食分）

大根（下ごしらえしたもの）
… 1/2量
ちりめんじゃこ
… 大さじ2（約6g）
※しらす干しでも可

ごま油 … 小さじ1
カレー粉 … 少々

作り方

耐熱容器にすべての材料を入れて混ぜ、ふんわりラップをかけて電子レンジで1分30秒ほど加熱する。
※大根が冷凍の場合は、加熱時間は2分30秒ほどにする。

▶ **大人 Arrange**
食べるときにしょうゆ少々を加えて混ぜると満足感がアップします。

大根とさつま揚げの
煮物

材料 （大人2人＋子ども1人×1食分）

大根（下ごしらえしたもの）
… 1/2量
さつま揚げ … 小2枚（約50g）
小ねぎ（小口切り）
… （あれば）1本

Ⓐ 水 … 50ml
しょうゆ、砂糖
… 各小さじ1/2

作り方

1 さつま揚げは薄切りにする。

2 耐熱容器にⒶを入れて混ぜ、1、**大根**を加え、ふんわりラップをかけて電子レンジで2分ほど加熱する。
※大根が冷凍の場合は、加熱時間は3分ほどにする。

3 器に盛り、あれば小ねぎを散らす。

チン♪ できたよ〜

下ごしらえ

（作りやすい分量）

1. キャベツ300 gを2cm大に切る（芯は薄切りにする）。

2. 耐熱容器に 1 を入れ、水大さじ2をふる。ふんわりラップをかけて電子レンジで3分ほど加熱し、ザルにあげて冷ます。冷蔵保存する。

| 冷凍するなら |

ジッパーつき冷凍用保存袋に下ごしらえしたキャベツを入れ、できるだけバラバラにして空気を抜き冷凍室へ入れる。

| 解凍方法 |

そのまま食べる場合は、耐熱容器に使う分量を入れ、ふんわりラップをかけて電子レンジで温まるまで加熱する（150 gで2分ほどが目安）。

キャベツ

加熱するとやわらかくなり、小さい子でも噛み切りやすくなります。甘みも増すので、シンプルな調味でおいしく食べられます。

| 栄養 | ビタミンC、K、カルシウム、カリウムなどが豊富 |
| 旬 | 通年（収穫時期によって品種が異なる） |

Base

| 冷蔵 **3**日 | ❄ **14**日 |
| 保存期間 | 冷凍可 |

Arrange
キャベツとコーンの
ヨーグルトサラダ

🥄 **材料**　（大人2人 ＋子ども1人 ✕ 1食分）

キャベツ（下ごしらえしたもの）
　… 1/2量
ホールコーン … 大さじ3

マヨネーズ、
プレーンヨーグルト
… 各大さじ1

🍴 **作り方**

1. 耐熱容器に**キャベツ**を入れ、ふんわりラップをかけて電子レンジで1分ほど加熱して冷ます。
※キャベツが冷凍の場合は、加熱時間は2分ほどにする。

2. 残りの材料を加えて混ぜる。

| 👆 **Point** |

マヨネーズにプレーンヨーグルトを混ぜることで、さっぱりとした味つけになります。

Arrange キャベツとちくわの ごま酢あえ

🥄 **材料** （大人2人＋子ども1人×1食分）

キャベツ（下ごしらえしたもの）
　… 1/2量
竹ちくわ … 1本

Ⓐ白すりごま … 大さじ1
　すし酢 … 小さじ1
　※すし酢は酢小さじ
　　1/2＋砂糖小さじ
　　1/4＋顆粒昆布だ
　　しの素、塩各少々
　　でも可

🍴 **作り方**

1　ちくわは薄い輪切りにする。

2　耐熱容器に**キャベツ**、**1**を入れ、ふんわりラップをかけて電子レンジで1分30秒ほど加熱する。
　※キャベツが冷凍の場合は、加熱時間は2分30秒ほどにする。

3　Ⓐを混ぜる。

▶ **大人 Arrange**

七味唐辛子をふったり、からしを添えたりしても。

Arrange キャベツの ひじきふりかけ蒸し

🥄 **材料** （大人2人＋子ども1人×1食分）

キャベツ（下ごしらえしたもの）
　… 1/2量

ひじきふりかけ、水
　… 各大さじ1
　※ひじきふりかけはわ
　　かめふりかけ小さじ
　　2でも可

🍴 **作り方**

耐熱容器にすべての材料を入れ、ふんわりラップをかけて電子レンジで1分30秒ほど加熱する。
※キャベツが冷凍の場合は、加熱時間は2分30秒ほどにする。

ブロッコリー

栄養価の高い野菜。幼児食期になれば、かたい部分を切り除けば茎も食べられます。できるだけ農薬の少ない国産のものを選ぶのがおすすめ。

栄養	ビタミンC、B、E、葉酸、カリウム、食物繊維などが豊富
旬	11〜3月頃

下ごしらえ

（作りやすい分量）

1　ブロッコリー1個（約250〜300ｇ）を、茎はまわりのかたい部分をそいで2cm大の薄切りにし、残りは2〜3cm大×4cm長さに切る。

2　耐熱容器に　を入れ、水大さじ2をふる。ふんわりラップをかけて電子レンジで2分ほど加熱し、いったん取り出して上下を返し、ふんわりラップをかけてさらに1分ほど加熱する。ザルにあげて冷ます。冷蔵保存する。

冷凍するなら

ジッパーつき冷凍用保存袋に下ごしらえしたブロッコリーを入れ、できるだけバラバラにして空気を抜き冷凍室へ入れる。

市販品OK!

解凍し、大きいものは切ってから使用して。

解凍方法

そのまま食べる場合は、耐熱容器に使う分量を入れ、ふんわりラップをかけて電子レンジで温まるまで加熱する（120ｇで2分30秒ほどが目安）。

Base

冷蔵 3日	❄ 14日
保存期間	冷凍可

Arrange　ブロッコリーチーズのせ

　材料　（大人2人＋子ども1人✕1食分）

ブロッコリー（下ごしらえしたもの）
… 1/2量

スライスチーズ
… 1枚

　作り方

耐熱容器に**ブロッコリー**を広げ、1.5〜2cm大にちぎったチーズをのせる。ふんわりラップをかけて電子レンジで1分30秒ほど加熱する。
※ブロッコリーが冷凍の場合は、加熱時間は2分30秒ほどにする。

▶ **大人 Arrange**

食べるときにタバスコや黒こしょうをふっても◎。

ブロッコリー コーンスープ

 材料 （大人2人＋子ども1人×1食分）

ブロッコリー（下ごしらえしたもの）
　… 1/2量
レトルトコーンチャウダー
　（にんじん入り）… 1袋（180ｇ）

牛乳 … 150ml
塩 … 少々

作り方

耐熱容器にすべての材料を入れ、ふんわりラップをかけて
電子レンジで3分ほど加熱する。
※ブロッコリーが冷凍の場合は、加熱時間は4分ほどにする。

ブロッコリーと 豆腐ののりあえ

 材料 （大人2人＋子ども1人×1食分）

ブロッコリー（下ごしらえしたもの）
　… 1/2量
絹ごし豆腐 … 150ｇ

焼きのり（全型）…1/4枚
しょうゆ … 小さじ1/2

作り方

1 豆腐は2cm角に切る。

2 耐熱容器に*1*、**ブロッコリー**を入れ、ふんわりラップを
　かけて電子レンジで2分ほど加熱し、ザルにあげて水
　気をきって冷ます。
　※ブロッコリーが冷凍の場合は、加熱時間は3分ほどに
　する。

3 器に盛り、しょうゆをかけ、食べやすい大きさにちぎっ
　たのりを散らす。

下ごしらえ

（作りやすい分量）

1. ほうれん草1把（約180ｇ）は半分に切って茎と葉に分ける。

2. 耐熱容器に1、水100mlを入れてふんわりラップをかけ、電子レンジで2分ほど加熱する。いったん取り出し、上下を返してふんわりラップをかけ、さらに1分ほど加熱する。水にさらしてアクを抜き、水気を絞って2cm長さに切る。冷蔵保存する。

冷凍するなら　ジッパーつき冷凍用保存袋に下ごしらえしたほうれん草を入れ、できるだけバラバラにして空気を抜き冷凍室へ入れる。

市販品OK！

解凍し、大きいものは切ってから使用して。

解凍方法

そのまま食べる場合は、耐熱容器に使う分量を入れ、ふんわりラップをかけて電子レンジで温まるまで加熱する（90ｇで2分ほどが目安）。

ほうれん草

ビタミンやミネラルが豊富な葉野菜。アクが多いので、加熱したら水にさらし、アク抜きして（小松菜はアク抜き不要。ザルにあげて冷まします）。

栄養	βカロテン、ビタミンC、葉酸、カルシウム、鉄などが豊富
旬	11〜1月頃

Base

冷蔵 **3**日　❄ **14**日
保存期間　冷凍可

Arrange
ほうれん草と
はんぺんのおかかあえ

🥄 材料 （大人2人＋子ども1人×1食分）

ほうれん草（下ごしらえしたもの）… 1/2量

はんぺん … 小1枚（約50ｇ）
しょうゆ … 小さじ1/2
かつお削り節 … 少々

🍴 作り方

1. はんぺんは1cm角に切る。

2. 耐熱容器に1、**ほうれん草**を入れてふんわりラップをかける。電子レンジで1分ほど加熱し、しょうゆ、かつお節を加えてあえる。
※ほうれん草が冷凍の場合は、加熱時間は2分ほどにする。

ほうれん草と
納豆ののりあえ

 材料（大人2人＋子ども1人×1食分）

ほうれん草（下ごしらえしたもの）
　… 1/2量

小粒納豆（たれつき）
　… 1パック
焼きのり（全型）… 1/2枚

🍴 作り方

1. 耐熱容器に**ほうれん草**を入れてふんわりラップをかけ、電子レンジで1分ほど加熱する。
　※ほうれん草が冷凍の場合は、加熱時間は2分ほどにする。

2. 納豆と付属のたれを加えて混ぜ、食べやすい大きさにちぎったのりを散らす。

▶ **大人 Arrange**

食べるときにキムチやごま油を混ぜても。

ほうれん草と
ハム・コーンのソテー

材料（大人2人＋子ども1人×1食分）

ほうれん草（下ごしらえしたもの）
　… 1/2量
ロースハム（スライス）… 1枚
ホールコーン … 大さじ3

菜種油（またはバター）
　… 小さじ1
塩 … 少々

🍴 作り方

1. ハムは1cm大に切る。

2. 耐熱容器に**1**、**ほうれん草**、コーン、菜種油を入れて混ぜ、ふんわりラップをかけて電子レンジで1分30秒ほど加熱する。
　※ほうれん草が冷凍の場合は、加熱時間は2分30秒ほどにする。

3. 塩を加えて混ぜる。

下ごしらえ

（作りやすい分量）

1. えのきだけ、しめじ各1袋（計約200ｇ）をそれぞれ石づきを除き、1cm長さに切る。

2. 耐熱容器に *1* を入れ、水大さじ2をふる。ふんわりラップをかけて電子レンジで2分ほど加熱し、そのまま置いて余熱で蒸らす。冷蔵保存する。

冷凍するなら

ジッパーつき冷凍用保存袋に下ごしらえの *1* まで行ったえのきだけ、しめじを生のまま入れ、平らにして空気を抜き冷凍室へ入れる。

解凍方法

そのまま食べる場合は、耐熱容器に使う分量を入れ、ふんわりラップをかけて電子レンジで温まるまで加熱する（100ｇで3分ほどが目安）。

きのこ

低カロリーで、免疫力アップも期待できます。噛み切りやすいように小さく刻みましょう。冷凍する場合は加熱せずに生のまま保存してOK。

| 栄養 | ビタミンB群、D、カリウム、食物繊維などが豊富 |
| 旬 | 9〜11月頃 |

Base

冷蔵 **3**日 / ❄ **14**日
保存期間　冷凍可

Arrange　きのこと鮭のあんかけ

🥄 材料　（大人2人➕子ども1人✖1食分）

きのこ（下ごしらえしたもの）
　… 1/2量
レトルト鮭フレーク … 大さじ3

Ⓐ 水 … 100ml
　片栗粉 … 小さじ1
　しょうゆ … 小さじ1/2
青のり … 少々

🍴 作り方

1. 耐熱容器に**きのこ**、レトルト鮭フレーク、Ⓐを入れて混ぜ、ふんわりラップをかけて電子レンジで2分30秒ほど加熱し、混ぜる。
　※きのこが冷凍の場合は、先に2分ほど加熱しておく。

2. 器に盛り、青のりをふる。

Arrange　きのこのクリームみそスープ

🥄 材料　（大人2人➕子ども1人✖1食分）

きのこ（下ごらえしたもの）
　… 1/2量
Ⓐ 水 … 200ml
　牛乳 … 100ml

Ⓑ みそ … 小さじ2
　粉末和風だしの素
　　… 小さじ1/2

🍴 作り方

耐熱容器にⒶを入れて混ぜ、**きのこ**を加える。ふんわりラップをかけて電子レンジで2分30秒ほど加熱し、Ⓑを混ぜる。
※きのこが冷凍の場合は、先に2分ほど加熱しておく。

part **4**

栄養満点！

一品メニュー

- - - - - - - - - - - - - - - - - - -

肉や魚などのタンパク質、野菜などのビタミン・ミネラルがたっぷり入った一品おかずは、この一品で栄養バランスも良く、忙しい日に大助かり！ レシピはたっぷりめの1食分の量なので、保存するときは食べきりやすい量に分けて冷蔵庫へ。食材や調味料を変えればアレンジも広がります。

めしあがれ♥

みんな大好きミートソースもチン♪

どんぶりにすると
子どもも食べやすい

冷蔵 3日	❄ 14日
保存期間	冷凍可

豚肉とキャベツ・小松菜の塩炒め

🥄 材料

(大人2人＋子ども1人×1食分)

豚ロース薄切り肉
　（しゃぶしゃぶ用）… 180ｇ
キャベツ … 150ｇ
小松菜 … 2/3把（約120ｇ）
パプリカ（赤）…30ｇ
　※にんじんでも可
Ⓐ 水 … 大さじ3
　顆粒チキンブイヨンの素、
　ごま油 … 各小さじ1
塩 … 少々

🍴 作り方

1. キャベツと小松菜は2cm大、パプリカは2cm長さの細切り、豚肉は2cm幅に切る。

2. 耐熱容器に1の野菜を入れ、豚肉を広げる（写真a）。

3. 混ぜ合わせたⒶをかけ、ふんわりラップをかけて電子レンジで4分ほど加熱する。いったん取り出して混ぜ、ふんわりラップをかけてさらに1分ほど加熱し、塩で味をととのえる。

👆 Point

a

肉を野菜の上にのせることで加熱ムラが防げるとともに、うまみが下の野菜にもしみわたります。

春雨は
戻さないのでラク♪

冷蔵 3日
保存期間

豚ひき肉ともやし・ ピーマンの春雨炒め

🥄 材料 （大人2人＋子ども1人×1食分）

豚ひき肉 … 160g
Ⓐ 水 … 大さじ2
　 しょうゆ、ごま油、片栗粉
　 … 各小さじ2
緑豆春雨（乾燥）… 30g

もやし … 1袋（約200g）
ピーマン … 3個（約70g）
水 … 大さじ3
塩 … 少々

🍴 作り方

1 もやしは洗って水気をきり、短く折る。ピーマンは2cm
長さの細切りにする。

2 耐熱容器にひき肉、Ⓐを入れて混ぜ、ふんわりラップ
をかけて電子レンジで2分ほど加熱し、いったん取り
出して軽くほぐす。

3 *1*、ほぐした春雨を加えて水をかけ、ふんわりラップを
かけてさらに4分ほど加熱する。塩をふり、ラップをか
けて蒸らす。春雨はキッチンバサミで食べやすく切る。

▶ **大人 Arrange**

食べるときにラー油やこしょうを混ぜても。

鶏むね肉と白菜・ ニラのごまみそ炒め

🥄 材料 （大人2人＋子ども1人×1食分）

鶏むね肉 … 1枚（約250g）
Ⓐ 水 … 大さじ3
　 みそ … 小さじ2
　 ごま油、砂糖、片栗粉
　 … 各小さじ1

白菜 … 200g
ニラ … 1把（約100g）
ごま油 … 小さじ1
塩 … 少々
白すりごま … 大さじ1

🍴 作り方

1 白菜は3cm長さの細切り、ニラは2cm長さに切る。
鶏肉は皮と白い脂肪を除き、1cm厚さ×3cm大の薄
切りにする。

2 耐熱容器に白菜、ニラを入れてふんわりラップをかけ、
電子レンジで4分ほど加熱し、ザルにあげて水気をきる。

3 平たい耐熱皿にクッキングシートをしいて鶏肉を広げて
のせ、Ⓐをまぶす。ふんわりラップをかけ、電子レン
ジで4分ほど加熱する。

4 *2*を容器に戻し、ごま油、塩を加えて混ぜる。*3*をた
れごとのせ、白ごまをふる。

👆**Point**

保存する際は、*3*まで調理してから、*2*
の上に*3*をシートごとのせて冷蔵室へ。クッ
キングシートがあることで肉と野菜が混
ざらず、野菜の水分が出にくくなります。

冷蔵 3日 **❄ 14日**
保存期間　冷凍可

うどんを入れて
温めれば
ほうとううどん風に！

冷蔵 3日	❄ 14日
保存期間	冷凍可

お麩入り鶏団子とかぼちゃのみそ煮

材料

（大人2人 ✚ 子ども1人 ✕ 1食分）

鶏ひき肉 … 150g
かぼちゃ（皮つき）… 150g
長ねぎ … 1/2本（約40g）
しめじ … 50g
おつゆ麩 … 5g（約10個）
Ⓐ 水 … 300ml
　粉末和風だしの素 … 小さじ1
　みそ … 大さじ1
Ⓑ 水 … 大さじ2
　みそ … 小さじ1/4
　長ねぎ（みじん切り）
　　… 1/2本（約40g）

作り方

1. かぼちゃは2cm大、長ねぎは薄い半月切りにし、しめじは石づきを除き1cm長さに切る。

2. 耐熱容器にⒶを入れて混ぜ、1を加える。

3. ポリ袋に麩を入れて指で細かくくだき、ひき肉、Ⓑを入れてよく混ぜる。袋の口を閉じて片端を2.5cm幅に切り、肉ダネを絞り出して3cm大に丸めて2の上に並べる（写真a）。ふんわりラップをかけて電子レンジで8分ほど加熱する。

👆 Point

a

肉ダネを丸めるときは使い捨てビニール手袋を使うとラクです（スプーンに絞り出してもOK）。

冷蔵 3日　保存期間

冷凍 14日　冷凍可

ぶり大根スープ

🥄 材料 （大人2人➕子ども1人✕1食分）

ぶり（切り身）
　… 2切れ（約180ｇ）
大根 … 150ｇ
にんじん … 1/2本（約70ｇ）
小松菜 … 1/3把（約60ｇ）

干ししいたけ（スライス）… 約5枚
　※生しいたけ（薄切り）1個でも可
水 … 350ml
顆粒昆布だしの素 … 小さじ1
しょうゆ …大さじ1

🍴 作り方

1　大根とにんじんは5mm厚さ×1cm幅×4cm長さの短
　　冊切り、小松菜は2cm大に切る。ぶりは水気を拭いて
　　2cm幅に切る。

2　耐熱ボウルに水200mlと昆布だしの素、大根、にんじ
　　んを入れ、干ししいたけを割り入れ、ふんわりラップを
　　かけて電子レンジで6分ほど加熱する。

3　別の耐熱容器にぶりと水100ml（分量外）を入れてふん
　　わりラップをかけ、電子レンジで2分ほど加熱し水気を
　　きる。

4　2に3、小松菜、しょうゆ、残りの水150mlを加え、
　　ふんわりラップをかけてさらに3分ほど加熱する。

えびと豆腐のうま煮

🥄 材料 （大人2人➕子ども1人✕1食分）

むきえび … 120ｇ
絹ごし豆腐 … 300ｇ
チンゲン菜 … 2株（約200ｇ）
パプリカ（赤）… 70ｇ

Ⓐ 水 … 300ml
　片栗粉 … 大さじ2
　顆粒鶏ガラスープの素、
　　ごま油、しょうゆ
　　… 各小さじ1
　塩 … 小さじ1/4

🍴 作り方

1　豆腐は2cm角、チンゲン菜は2cm大、パプリカは
　　2cm長さの薄切りにする。えびは1cm大に切る。

2　耐熱容器に豆腐を入れ、ラップをかけずに電子レンジ
　　で3分ほど加熱し、ザルにあげて水気をきる。

3　別の耐熱容器にⒶを入れて混ぜ、チンゲン菜、パプリ
　　カ、えびを加えて混ぜる。ふんわりラップをかけて電
　　子レンジで5分ほど加熱し、いったん取り出して混ぜ
　　る。

4　2を加えてざっと混ぜ、ふんわりラップをかけてさらに
　　1分ほど加熱する。

冷蔵 3日　保存期間

鶏肉にまぶした片栗粉の
とろみとトマトの酸味で
薄味でもおいしく仕上がる！

ちょっと待っててね♥

冷蔵 3日	❄ 14日
保存期間	冷凍可

チキン野菜カレー

🥄 材料

（大人2人＋子ども1人✕1食分）

鶏もも肉 … 1枚（約250g）
トマト … 1個（約120g）
　※トマトジュース80mlでも可
玉ねぎ … 1/2個（約100g）
ズッキーニ … 80g
片栗粉 … 大さじ1
水 … 350ml
カレールー（フレークタイプ・甘口）
　… 大さじ4（40g）

🍴 作り方

1 トマト、玉ねぎ、ズッキーニは1cm大に切る。鶏肉は皮と白い脂肪を除き、2cm大に切る。

2 耐熱ボウルに鶏肉を入れ、片栗粉をまぶす。トマト、玉ねぎ、ズッキーニをのせ、半量の水を入れてふんわりラップをかけて電子レンジで6分ほど加熱する。

3 いったん取り出して残りの水、カレールーを入れて混ぜる。ふんわりラップをかけて電子レンジでさらに2分ほど加熱し、混ぜる。

▶ **大人 Arrange**

食べるときに好みでしょうゆやスパイス、バターなどを加えても。

Arrange

じゃがいも、かぼちゃ、なす、パプリカ、ピーマン、きのこなど好みの食材で作ってもOKです。

肉じゃが煮

🥄 材料 （大人2人➕子ども1人✖1食分）

豚もも薄切り肉（または
　豚ロースしゃぶしゃぶ用）
　… 180g
じゃがいも … 2個（約200g）
玉ねぎ … 1/2個（約100g）
にんじん … 1/2本（約70g）

絹さや（またはいんげん）
　… 約15g
Ⓐ 水 … 大さじ4
　粉末和風だしの素
　　… 小さじ1/2
Ⓑ しょうゆ、砂糖
　　… 各小さじ2

🍴 作り方

1　じゃがいもは1cm厚さのいちょう切りにし、水洗いして水気をきる。玉ねぎは繊維を断つように3cm長さに切り、にんじんは薄いいちょう切り、絹さやは筋を取り斜め細切りにする。豚肉は2cm幅に切る。

2　耐熱容器にじゃがいも、玉ねぎ、にんじん、Ⓐを入れ、ふんわりラップをかけて電子レンジで6分ほど加熱する。

3　いったん取り出して豚肉を広げてのせ、Ⓑを入れて軽く混ぜ、ふんわりラップをかけてさらに3分ほど加熱する。

4　取り出して絹さやを加え、ふんわりラップをかけてさらに1分ほど加熱し、ラップをかけたまま蒸らす。

冷蔵 3日
保存期間

牛すき煮

🥄 材料 （大人2人➕子ども1人✖1食分）

牛薄切り肉 … 140g
焼き豆腐 … 300g
にんじん … 1/2本（約70g）
長ねぎ … 1本（約80g）
まいたけ … 30g

Ⓐ 水 … 大さじ4
　しょうゆ … 大さじ1
　砂糖、ごま油
　　… 各小さじ2
　粉末和風だしの素
　　… 小さじ1

🍴 作り方

1　豆腐は2cm厚さ×3cm大に切り、にんじんはピーラーで4cm長さにそぐ。長ねぎは縦半分に切ってから薄い半月切りにし、まいたけは小さくほぐす。牛肉は2cm幅に切る。

2　耐熱容器に1を切った順に入れて広げる。Ⓐを加え、ふんわりラップをかけて電子レンジで6分ほど加熱する。いったん取り出して混ぜ、ふんわりラップをかけてさらに2分ほど加熱する。

冷蔵 3日
保存期間

スパゲッティにかけて
ミートソーススパに♪

冷蔵 3日	冷凍 14日
保存期間	冷凍可

ミートソース

🥄 **材料**

（大人2人＋子ども1人✕1食分）

牛豚合いびき肉 … 150g
玉ねぎ … 1/2個（約100g）
トマトピューレ（無塩）… 150g
　※トマト缶（カットタイプ）200g
　＋水100mlでも可
水 … 150ml
Ⓐ トマトケチャップ … 大さじ3
　小麦粉 … 大さじ1と1/2
　オリーブオイル … 大さじ1
　顆粒チキンブイヨンの素、
　　しょうゆ … 各小さじ1/2
　塩 … 小さじ1/4

🍴 **作り方**

1 玉ねぎはみじん切りにする。

2 耐熱ボウルに**1**、半量の水を入れ、ふんわりラップをかけて電子レンジで3分ほど加熱する。

3 いったん取り出してひき肉、トマトピューレ、残りの水、Ⓐを加えて混ぜ、ふんわりラップをかけてさらに8分ほど加熱する。パスタなど（分量外）にかけて食べる。

▶ **大人 Arrange**

食べるときに塩、こしょう、ハーブなどをふっても。

▶ **Arrange**

**スパゲッティを電子レンジで
ゆでる場合**

スパゲッティ（1.4mm太さ）150gを半分に折って耐熱ボウルに入れ、水400ml、塩少々を加えてラップをかけずに電子レンジで8分ほど加熱（袋のゆで時間5分の場合）。混ぜてからザルにあげて水気をきる。
※パスタは量が多いとレンジ加熱が難しいため、150g以上ならレンジ用パスタゆで容器を使うと◎。

冷蔵 **3**日　❄ **14**日
保存期間　冷凍可

鮭とキャベツの クリームソース

🥄 材料　（大人2人➕子ども1人✖1食分）

生鮭（切り身・皮、骨除く）
　… 2切れ（約200g）
　※皮のそぎ形はP.25参照
キャベツ … 150g
グリーンアスパラガス
　… 1束（約70g）

Ⓐ 水 … 100ml
　オリーブオイル … 大さじ1
　塩 … 小さじ1/4
Ⓑ 牛乳 … 300ml
　米粉（または小麦粉）
　　… 大さじ2
　顆粒野菜ブイヨンの素、
　　しょうゆ … 各小さじ1/2

🍴 作り方

1 キャベツは1.5cm大に切り、アスパラは斜め薄切りにする。鮭は1cm厚さのそぎ切りにする。

2 耐熱容器にキャベツを入れて鮭をのせ、Ⓐを加えてふんわりラップをかけて電子レンジで3分ほど加熱する。

3 いったん取り出してアスパラをのせ、混ぜ合わせたⒷを加え、ふんわりラップをかけてさらに7分ほど加熱し、混ぜる。パスタなど（分量外）にかけて食べる。

手作りツナとトマトのソース

🥄 材料　（大人2人➕子ども1人✖1食分）

まぐろ赤身（きはだまぐろなど）
　… 200g
Ⓐ オリーブオイル、水
　　… 各大さじ2
　にんにく（すりおろす）
　　…（好みで）小さじ1/2
トマト缶（カットタイプ）… 400g

水 … 大さじ4
Ⓑ 小麦粉 … 大さじ1
　砂糖 … 小さじ1
　塩 … 小さじ1/2
パセリ（みじん切り）
　…（あれば）適量

🍴 作り方

1 まぐろは1.5cm幅に切る。

2 耐熱ボウルに*1*を入れ、Ⓐを加えて混ぜ、ふんわりラップをかけて電子レンジで2分ほど加熱する。

3 いったん取り出してトマト缶、空いた缶に入れてゆすいだ水、Ⓑを加え、まぐろをくずしながら混ぜる。ふんわりラップをかけてさらに3分ほど加熱する。あればパセリをふる。パスタなど（分量外）にかけて食べる。

▶ **大人 Arrange**
食べるときに塩、こしょう、ハーブなどを加えても。

冷蔵 **3**日　❄ **14**日
保存期間　冷凍可

レンジで作ると
ふわとろの仕上がりに

冷蔵
3日
保存期間

豆腐と里いものグラタン

🥄 材料

（大人2人➕子ども1人✖1食分）

木綿豆腐 … 200g

里いも水煮 … 150g

　※冷凍里いもなら電子レンジで
　　加熱解凍してから使用する

冷凍ほうれん草 … 1カップ（約60g）

ロースハム（スライス）… 3枚

Ⓐ 無調整豆乳 … 300ml

　米粉 … 大さじ2

　顆粒野菜ブイヨンの素
　　… 小さじ1/2

　塩 … 小さじ1/4

シュレッドチーズ
　… 3/4カップ（約60g）

🍴 作り方

1 豆腐は1cm厚さ×3cm大に切り、里いも
は1cm厚さの輪切りにする。ハムは1cm
大に切る。

2 耐熱容器に豆腐、里いも、冷凍ほうれん
草を入れ、ふんわりラップをかけて電子レ
ンジで4分ほど加熱する。いったん取り出
してほうれん草を2cm長さに切って戻し入
れる。

3 耐熱ボウルにⒶを入れてよく混ぜ、ふんわ
りラップをかけて電子レンジで3分ほど加
熱する。いったん取り出して混ぜ、ふんわ
りラップをかけてさらに1分ほど加熱する。

4 *2* にハムを散らし、*3* をかけ（写真a）、
チーズをのせてふんわりラップをかける。
電子レンジでチーズが溶けるまで3分ほど
加熱する。

👆 **Point**

a

・*4* で加熱せずに保存し
てもOK。その場合、食
べるときにレンジ加熱す
るか、オーブントース
ターなどで表面が色づくまで
焼いても◎。

・冷凍ほうれん草の代わ
りに加熱済みのほうれん
草（約60g、2cm長さ）で
も可。その場合、*2* の加
熱時間は2分30秒ほどに
します。※加熱済みのほ
うれん草の作り方はP.92
を参照。

ささみとブロッコリー
かぼちゃのクリームシチュー

🥄 材 料 （大人2人＋子ども1人×1食分）

鶏ささみ（筋なし）
　… 3本（約180 g）
かぼちゃ（皮つき）
　… 150 g
ブロッコリー
　… 1/2個（約120 g）
水 … 200ml

Ⓐ 牛乳 … 200ml
　クリームシチュールー
　（フレークタイプ）
　… 大さじ4（約40 g）
　※または米粉、オリーブオイ
　ル各大さじ2、顆粒チキン
　ブイヨンの素、塩各小さじ
　1/2でも可

🍴 作 り 方

1 かぼちゃは1cm厚さ×2〜3cm大、ブロッコリーは2cm大、ささみは5mm厚さに切る。

2 耐熱ボウルに *1* を切った順に入れて広げ、水を加えてふんわりラップをかけて電子レンジで5分ほど加熱する。

3 いったん取り出してⒶを加えて混ぜ、ふんわりラップをかけてさらに6分ほど加熱し、混ぜる。

ひよこ豆入りポトフ

🥄 材 料 （大人2人＋子ども1人×1食分）

ひよこ豆水煮 … 100 g
じゃがいも … 1個（約100 g）
キャベツ … 150 g
にんじん … 1本（約140 g）
ウインナーソーセージ（皮なし）
　… 100 g
水 … 400ml

Ⓐ オリーブオイル、
　顆粒野菜ブイヨンの素
　… 各小さじ1
　しょうゆ … 小さじ1/2
　塩 … 小さじ1/4

🍴 作 り 方

1 ひよこ豆は水気をきって半分に切り、じゃがいもは1cm角に切って水洗いし、水気をきる。キャベツは2cm大に、にんじんは薄いいちょう切りにする。ウインナーは斜め半分に切る。

2 耐熱ボウルに *1* のひよこ豆と野菜、半量の水を入れてふんわりラップをかけ、電子レンジで6分ほど加熱する。

3 いったん取り出してウインナー、残りの水、Ⓐを入れて混ぜ、さらに4分ほど加熱する。

ごはんまで待てない子に！
即席！前菜レシピ

メインおかずのレンジ加熱中に作れるサブおかずをご紹介。加熱不要
で、「おなかすいた〜！」の声にもすぐ応えられる心強いレシピです。

スティックきゅうりみそマヨ添え

🥄 **材料** （大人2人＋子ども1人×1食分）

きゅうり … 1本
みそ … 小さじ1/2
マヨネーズ … 小さじ2

🍴 **作り方**

1 きゅうりは5cm長さほど
  に切り、さらに縦に8等
  分に切って器に盛る。

2 みそとマヨネーズを混ぜ
  て添える。

> **memo**
> 1歳半〜2歳の子にはきゅ
> うりを薄めに切り、水をふっ
> てふんわりラップをかけて
> 電子レンジで30秒ほど加
> 熱すると良いでしょう。

トマト冷ややっこ

🥄 **材料**

（大人2人＋子ども1人×1食分）

絹ごし豆腐 … 1丁（150g）
トマト … 1/2〜1個
しょうゆ … 少々
かつお削り節 … ひとつまみ

🍴 **作り方**

1 豆腐は2cm角に切って器にのせ、
  しょうゆをかける。

2 1.5cm角に切ったトマトをのせ、
  かつお節をふる。

> **memo**
> 豆腐は容器にすき間なく
> ぴったり入った充填パック
> が使いやすく、生食向き
> です。

ミニトマト納豆あえ

🥄 **材料** （大人2人＋子ども1人×1食分）

ミニトマト … 8個 ｜ 納豆のたれ … 1袋
小粒納豆 … 2パック ｜ 青のり … 適量

🍴 **作り方**

1 ミニトマトは1.5cm大に切る。

2 納豆、たれを混ぜ、1を加えてあえる。

3 器に盛り、青のりをふる。

> **memo**
> 青のりの風味で食べやす
> くなります。

魚肉ソーセージと
ミニトマト・きゅうり

🥄 **材料** （大人2人➕子ども1人✖1食分）

魚肉ソーセージ（細め）… 1本
ミニトマト、きゅうり … 各適量

🍴 **作り方**

1 魚肉ソーセージは斜め切り、ミニトマトは4等分に、きゅうりは半月切りにする。

2 あればピックをさして器に盛る。

> **memo**
> 魚肉ソーセージはできるだけ無添加のものを選ぶと良いでしょう。

チーズのり巻き

🥄 **材料** （大人2人➕子ども1人✖1食分）

ベビーチーズ … 3個（45g）
　※スライスチーズ2枚でも可
焼きのり … 適量

🍴 **作り方**

1 チーズを1cm角×4cm長さほどの棒状に切り、のりはチーズの長さに合わせて切る。

2 チーズにのりを巻き、巻き終わりを下にして器に盛る。

> **memo**
> スライスチーズで作る場合は、チーズをのりではさみ、食べやすい大きさに切ってください。1歳半〜2歳頃はベビーチーズで作るほうが噛み切りやすくおすすめです。

フルーツヨーグルト

🥄 **材料** （大人2人➕子ども1人✖1食分）

プレーンヨーグルト … 1カップ（200g）
キウイフルーツ … 1個
いちご … 3個

🍴 **作り方**

1 フルーツは食べやすい大きさに切る。

2 器にヨーグルトを盛り、1をのせる。

> **memo**
> タンパク質、カルシウム、ビタミンC、カリウム、葉酸などが摂れるので、副菜にもおすすめ。フルーツは、みかんなど好みのものでもOKです。

冷凍しておくと便利！

ごはんのおいしい冷凍＆解凍法

ごはんは冷凍ストックしておくと、忙しい日でもすぐに食卓に用意できて便利。冷凍保存と解凍のコツをおさえれば、再加熱してもかたくなったり、水っぽくなったりせずおいしく食べられます。

ごはんを冷凍する場合は1食分ずつラップで包むか冷凍用保存容器に入れて冷凍室へ。ここではラップで包む場合のコツを紹介します。

冷凍保存のコツ

ジッパーつき冷凍用保存袋に入れ、空気を抜いて封をし、冷凍室へ。14日間を目安に早めに食べきって。

すき間ができないように気をつけながら、ごはんをラップで包む。包むときは酸化を防ぐために空気を抜き、米粒がつぶれないようにやさしく包んで。

ラップを広げ、中心に粗熱が取れた1食分のごはんを2cm厚さを目安に広げる。加熱ムラが出ないように平らにし、角を丸く成形するのがポイント。

ラップで包んだ場合と、冷凍用保存容器に入れた場合の解凍するときのコツをまとめました。

解凍のコツ

雑穀米や玄米、胚芽米も冷凍が便利

1歳半からは白米以外に、雑穀米や玄米、胚芽米（写真）も食べられます。ビタミンやミネラルが豊富なので、白米の代わりに取り入れるのもおすすめです。炊いたものは冷凍できるので、ストックしておき、料理に合わせて白米と使い分けるのも◎。

保存容器に入れたもの

ふたの空気弁をあけ、電子レンジ（600W）でごはん150gで2分ほどを目安に加熱し、ほぐす。

ラップで包んだもの

均一に熱が伝わるように、耐熱皿に置くのがポイント。ラップの巻き終わりを上にして皿に置き、加熱時に蒸気が抜けるようにラップを軽くはがす。電子レンジ（600W）でごはん150gで2分ほどを目安に加熱し、ほぐす。

part 5

レンジで簡単！

野菜のおやつ

食事代わりになる、野菜を使ったおやつレシピを紹介。
素材の味をいかしたシンプルなおやつから、野菜を使っ
ているとは思えないかわいいスイーツまで豊富にそろえ
ました。そのままでは食べにくい野菜でも、ひと工夫
で子どもが喜ぶおやつに変身！ 子どもと一緒に作ると、
食への興味も広がります。

野菜も　　　　　　　ぱくぱく

素材の甘みを
味わう
基本のおやつ

冷蔵
4日
❄
14日
保存期間　冷凍可

蒸しさつまいも

🥄 材料

（作りやすい分量）

さつまいも（皮つき）
　…2本（約500ｇ）

🍴 作り方

1　よく洗ったさつまいもを皮つき
　のまま1本ずつペーパータオル
　で包んで全体を水でしめらせ、
　ラップで包む（写真a）。

2　平たい耐熱皿にのせ、電子レン
　ジ600Wで2分ほど加熱した
　後、200Wで8分ほど加熱する。
　上下を返し、中心に串がすっと
　入るまで200Wでさらに4分ほ
　ど加熱し、そのまま冷ます。

👆 **Point**

a

・さつまいもはペーパー
タオルで包んで水でし
めらせ、途中で200W
に切り替えて加熱する
ことでしっとり甘く仕
上がります。

・200Wで加熱できない場合は、600Wのま
ま串が通るまでさらに5分ほど加熱します。

・1本（約250ｇ）で作る場合、600Wで1分
30秒ほど加熱した後、200Wで8分ほど加熱
してください。

・大きなさつまいもの場合は、半分に切って
からペーパータオルで包んでもOK。

・子ども1食分の目安は1/4本です。

memo

**子どもにとっておやつは
第4の食事**

砂糖や油を使わずに作れ
るシンプルな蒸しさつま
いもは、エネルギー源と
なる糖質やビタミン、ミネ
ラル、食物繊維が摂れる
のでおすすめのおやつで
す。素材の味を楽しむこ
とができ、アレンジもしや
すいので、ストックしてお
くと便利。

さつまいもチーズボール

🥄 **材料**　（作りやすい分量）

蒸しさつまいも（P.110参照）　　ベビーチーズ … 1個（15 g）
…1本（皮をむいて約200 g）　　※スライスチーズ1枚でも可
　　　　　　　　　　　　　　　牛乳 … 約大さじ1

🍴 **作り方**

1　蒸しさつまいもは皮をむいてフォークなどでつぶし、牛乳を混ぜてしっとりさせる。

2　粗みじん切りにしたチーズを混ぜ、食べやすい大きさに丸める（約28個）。

👆 **Point**

子ども1食分の目安は1/4量（約7個）です。

冷蔵
2日

❄ 14日

保存期間　冷凍可

蒸しじゃがいものにんじん甘みそがけ

おいしく作るよ✧✧

🥄 **材料**　（作りやすい分量）

じゃがいも（皮つき）　　Ⓐ にんじん（すりおろす）、みそ、
… 2個（約240 g）　　　　水 … 各大さじ1
　　　　　　　　　　　　砂糖 … 小さじ1
　　　　　　　　　　　　片栗粉 … 小さじ1/4

🍴 **作り方**

1　芽を取り除きよく洗ったじゃがいもを皮つきのまま1個ずつペーパータオルで包んで全体を水でしめらせ、ラップで包む。

2　平たい耐熱皿にのせ、電子レンジで4分ほど加熱する。上下を返し、中心に串がすっと入るまでさらに3分ほど加熱し、そのまま冷ます。

3　耐熱容器にⒶを入れて混ぜ、ふんわりラップをかけて電子レンジで1分ほど加熱し、混ぜる。

4　2の皮をむき、食べやすく切って器に盛る。3をかける。

👆 **Point**

子ども1食分の目安は1/2個です。

▶ **Arrange**

・Ⓐ（みそだれ）の代わりに、塩やバターを少量のせてもOK。

・じゃがいもは1cm角×4cm長さほどに切って水洗いし、耐熱容器に入れて水大さじ2をかけて5分ほど加熱してもOK。

冷蔵
4日

保存期間

炭水化物、
タンパク質、ビタミンが
まとめて摂れる♪

冷蔵 3日
保存期間

14日
冷凍可

かぼちゃパンプディング

🥄 材料

(15cm × 20cm ほどの耐熱容器1個分)

【蒸しかぼちゃ】
かぼちゃ（皮をほぼ除く）
　　… 約200ｇ
水 … 大さじ1

レーズン … 大さじ1と1/2(約15ｇ)
食パン（6枚切り）… 1枚（約60ｇ）
Ⓐ 牛乳 … 100ml
　 卵 … 1個

🍴 作り方

1 蒸しかぼちゃを作る。かぼちゃは2〜3cm大に切って耐熱容器に入れ、水をふり(写真a)、ふんわりラップをかけて電子レンジで3分ほど加熱し、冷ます。

2 レーズンは粗く刻む。食パンは1.5cm大に切る。

3 ボウルに 1 、Ⓐを加えてフォークなどでつぶしながらよく混ぜ、2 を加えてしっとりするまで混ぜる。

4 クッキングシートをしいた耐熱容器に 3 を広げ、ふんわりラップをかけて電子レンジで3分ほど加熱したら、ラップを外してさらに1分ほど生地が固まるまで加熱する。冷めたら食べやすい大きさに切る。

👆 Point

a

・おやつは色良く仕上げるためにかぼちゃの皮は取り除きます。きれいに取り除くのは大変なので、多少残っていてもOKです。

・子ども1食分の目安は1/8〜1/5量です。

112

シンプルな
蒸し野菜が
スイーツに！

冷蔵
3日
保存期間

14日
冷凍可

かぼちゃのきなこ
メープルがけ

🥄 **材料**　**（作りやすい分量）**

蒸しかぼちゃ（P.112参照）
　… 約200g

メープルシロップ、きなこ
　… 各大さじ1

🍴 **作り方**

蒸しかぼちゃにメープルシロップ、きなこをかける。

👆 **Point**

子ども1食分の目安は1/3量です。

▶ **Arrange**

メープルシロップの代わりに、砂糖や黒みつ、はちみつ
を少量かけてもOKです。

かぼちゃクリーム

🥄 **材料**　**（作りやすい分量）**

蒸しかぼちゃ（P.112参照）
　… 約200g
Ⓐ 牛乳 … 100ml
　砂糖、片栗粉 … 各小さじ1
　塩 … 少々

クラッカー（胚芽入り）
　… （好みで）適量

🍴 **作り方**

1　耐熱容器に蒸しかぼちゃ、Ⓐを入れ、フォークなどで
　つぶしながらなめらかになるまで混ぜる。ふんわりラッ
　プをかけて電子レンジで2分ほど加熱し混ぜる。

2　好みでクラッカーに *1* をのせ、器に盛る。

👆 **Point**

子ども1食分の目安は1/4量（クラッカーなどを添えて）
です。

▶ **Arrange**

パンやヨーグルトにそのままのせたり、つぶしたバナナや
きな粉を混ぜたりしてもおいしいです。

冷蔵
3日
保存期間

14日
冷凍可

手作りふりかけで
カルシウムを
補給！

冷蔵
2日

❄
14日

保存期間　冷凍可

枝豆入りふりかけおにぎり

🥄 材料

（大人2人 ＋ 子ども1人 ✕ 1食分）

温かいごはん … 約300g
冷凍塩ゆで枝豆（さやつき）
　　… 1カップ（約80g）
　　※むき枝豆の場合、1/4カップ
　　（約40g）。または生の枝豆約
　　80gでも可

【ふりかけ】（作りやすい分量）
あみえび（乾燥）
　　… 大さじ4（約24g）
　　※刻んだ桜えび（乾燥）でも可
白すりごま … 大さじ2
青のり … 大さじ1
塩 … 少々

🍴 作り方

1　耐熱容器に冷凍枝豆を入れ、水大さじ
　1（分量外）をふってふんわりラップをか
　けて電子レンジで2分ほど（生の場合は
　塩もみし、ふんわりラップをかけて4分
　ほど）加熱する。冷めたらさやから出し、
　粗く刻む。

2　ふりかけを作る。耐熱容器にあみえび、
　白ごまを入れてふんわりラップをかけて
　電子レンジで30秒ほど加熱し、青の
　り、塩を加えて混ぜる。

3　ボウルにごはん、1 を入れて混ぜ、5等
　分してラップで包み、棒状に握る。ラップ
　の上からちぎって4等分に形をととのえ
　（写真a）、2 を適量まぶす。

👍 Point

ⓐ

・ラップを使って成形すれ
ば手につきにくくラク。お
にぎりは多めに握って冷
蔵保存してもOK。食べ
るときに温めてふりかけを
まぶして。

・ふりかけは加熱すること
で風味がアップ。冷蔵で
1週間保存可能です。

・子ども1食分の目安は
1/5量です。

小松菜チーズ
おかかおにぎり

🥄 **材 料**　（大人2人 **+** 子ども1人 **✕** 1食分）

温かいごはん … 約300g
小松菜 … 1株（約20g）
ベビーチーズ … 1個（15g）
　※スライスチーズ1枚でも可

しょうゆ … 小さじ1/2
かつお削り節 … 適量

🍴 **作り方**

1　小松菜はみじん切りにし、耐熱容器に入れて水大さじ
　1（分量外）をふり、ふんわりラップをかけて電子レンジ
　で1分ほど加熱し、水気をきる。

2　チーズは粗みじん切りにする。

3　ボウルに 1、2、しょうゆ、かつお節ひとつまみ、ご
　はんを入れて混ぜる。ラップで食べやすい大きさに握り
　（約15個）、かつお節適量をまぶす。

👆 **Point**

子ども1食分の目安は
1/5量です。

▶ **Arrange**

トースターなどで焼いて
焼きおにぎりにするのも
おすすめです。

冷蔵 2日　**❄ 14日**
保存期間　冷凍可

青のりお麩スナック

🥄 **材 料**　（作りやすい分量）

おつゆ麩 … 30g
菜種油 … 小さじ1

青のり、塩 … 各少々

🍴 **作り方**

1　平たい耐熱容器に麩、菜種油を入れてからめ、並べる
　（写真a）。ふんわりラップをかけて電子レンジで20秒
　ほど加熱し、混ぜる。サクッとした食感になるまで、さ
　らに20秒＋10秒ほど様子を確認しながら加熱する。

2　青のり、塩をまぶす。

👆 **Point**

・麩は長く加熱するとこげやす
いため、1では加熱のたびに電
子レンジの扉をあけ、様子を確
認してください。こげた場合は
その部分を取り除きましょう。

・青のりや塩がつきにくくなりますが、油は入れなくても
OKです。

・子ども1食分の目安は1/4量です（牛乳などを添えて）。

レンジ加熱で
サクサクに♪

冷蔵 4日　**❄ 14日**
保存期間　冷凍可

ヨーグルトクリームで
ヘルシー＆おしゃれに♪
レンジ加熱で水切りして
濃厚な味わい

にんじんヨーグルトケーキ

▶ Arrange

・Ⓐのホエーは同量の牛乳や果汁でもOK。

・Ⓐの卵は省いてもOK。その場合、加熱時間は2分ほどになります。

・ホットケーキミックスの代わりに、小麦粉80ｇ（または米粉70ｇ）＋ベーキングパウダー3ｇ＋砂糖15ｇ＋塩少々でもOK。

🍴 材料

（6cm ✖ 16cm ほどの耐熱容器 1 個分）

【水切りヨーグルトクリーム】
プレーンヨーグルト … 200ｇ
砂糖 … 小さじ2

ホットケーキミックス … 100ｇ

Ⓐ 水切りヨーグルトの水分（ホエー） … 50ml
　 にんじん（すりおろす） … 大さじ2
　 菜種油 … 小さじ2
　 卵 … 1個
にんじん（飾り用・薄い輪切り） … 10枚

🍴 作り方

1 水切りヨーグルトクリームを作る。耐熱容器にペーパータオルを2枚重ね、ヨーグルトを入れてラップをかけずに電子レンジで1分ほど加熱する。ボウルにザルを重ね（写真a）、ヨーグルトをペーパータオルごとのせる。冷蔵庫で30分ほど冷やす。たまった水分（ホエー）は捨てずに取っておく。

2 耐熱容器に飾り用のにんじん、水大さじ2（分量外）を入れ、ラップをかけて電子レンジで2分ほど加熱し、抜き型で抜く（残った切れ端はみじん切りにして**3**に混ぜても良い）。

3 ボウルにⒶを入れ、泡だて器で混ぜる。ホットケーキミックスを加えてダマがなくなるまで混ぜる。

4 耐熱容器にクッキングシートをしいて**3**を入れ（写真b）、ふんわりラップをかけて2分30秒ほど加熱する。生の部分がなくなるまでさらに10秒ほどずつ様子を見ながら加熱する。そのまま冷まし、クッキングシートを外す。

5 **1**に砂糖を混ぜて**4**に塗り、**2**を飾る。

※冷凍は密閉して。自然解凍後そのまま食べるか、10秒ほどレンジ加熱しても。

👆 Point

・ヨーグルトは電子レンジで加熱すると短時間で水切りでき生クリームより脂質が少ない濃厚なヨーグルトクリームが作れます。

・容器の大きさに合わせてクッキングシートに切り込みを入れていきます。

・ホエー（乳清）と呼ばれるヨーグルトの水分は、生地に混ぜて有効活用すれば風味も良くなります。

・子ども1食分の目安は1/8切れです。

冷蔵
3日
保存期間

❄
14日
冷凍可

小松菜バナナ豆腐蒸しパン

🥄 材料　（底直径5cmほどのカップケーキ型6個分）

ホットケーキミックス … 100g	バナナ、絹ごし豆腐 … 各80g
小松菜（葉先を多めに）… 40g	菜種油 … 小さじ2

🍴 作り方

1　ボウルにちぎった小松菜、バナナ、豆腐、菜種油を加え、ハンディブレンダーでなめらかになるまで撹拌する（ミキサーを使う場合は、撹拌後にボウルに移す）。

2　ホットケーキミックスを加えてダマがなくなるまで混ぜ、耐熱性カップケーキ型（シリコンカップなど）に入れる。

3　カップより4cmほど深さのある大きめの耐熱容器に 2 を並べ（写真a）、ふんわりラップをかけて電子レンジで2分30秒ほど加熱する。生の部分がなくなるまで20秒ほどずつ様子を見ながら加熱する。

👆 Point

・加熱するとふくらむので、生地はカップケーキ型の7分目を目安に入れましょう。

・ハンディブレンダーやミキサーがない場合は、ポリ袋にみじん切りにした小松菜とバナナ、豆腐、油を入れてよくつぶしても良いです。

・子ども1食分の目安は1個です。

しらすとブロッコリーの
ヨーグルト蒸しパン

🥄 材料　（7cm ✕ 17cm ほどの耐熱容器1個分）

ホットケーキミックス … 100g	しらす干し … 20g
ブロッコリー	プレーンヨーグルト … 90g
… 小房4個（約60g）	

🍴 作り方

1　ブロッコリーは3cm大に切り、耐熱容器に入れて水大さじ1（分量外）をふり、ふんわりラップをかけて電子レンジで1分ほど加熱する。水気をきってみじん切りにする。

2　ポリ袋に 1 、残りの材料を入れ、均一に混ぜる。

3　耐熱容器に菜種油（分量外）を薄く塗る（またはラップやクッキングシートをしく）。 2 の袋の口を閉じて片端を2.5cm幅に切り、生地を絞り出す（写真a）。

4　ふんわりラップをかけて電子レンジで2分30秒ほど加熱する。生の部分がなくなるまで10秒ほどずつ様子を見ながら加熱する。

👆 Point

・材料を混ぜるときにポリ袋を使うことで、洗い物が少なくすみます。

・子ども1食分の目安は1/6切れです。

冷蔵
3日
保存期間

❄
14日
冷凍可

とろとろりんご

りんごシャーベット

同じ材料で
3種類のおやつが
作れる!

りんご寒天

冷蔵 3日	❄ 14日
保存期間	冷凍可

りんご寒天

🥄 材料

（15cm ✕ 15cm ほどの保存容器 1個分）

りんご … 1個（約200g）

Ⓐ 水 … 200ml
　砂糖 … 大さじ1
　片栗粉 … 小さじ2
　粉寒天 … 小さじ1
　塩 … 少々

🍴 作り方

1. りんごは1cm大の薄切りにする。

2. 耐熱ボウルに1、Ⓐを入れて混ぜる。ふんわりラップをかけて電子レンジで4分ほど加熱し、いったん取り出して混ぜ、ふんわりラップをかけてさらに2分ほど加熱し、混ぜる(写真a)。

3. 保存容器に入れて冷やし固める。

▶ Arrange

【とろとろりんご】
冷やし固めず、2まで作ればとろっとしたりんごジャムのようになります。そのまま食べても、ヨーグルトやパンにのせても◎。冷えたものを再加熱してもOK。

【りんごシャーベット】
3でジッパーつき冷凍用保存袋に入れて平らに広げ、冷凍室へ入れればシャーベット状に。ほぐして食べます。

👍 Point

a

・2のでき上がりは、スプーンで持ち上げて、とろっとするのが目安です。

・子ども1食分の目安は1/4量です。

にんじんジュースゼリー

🥄 **材 料**　（10cm ✕ 17cm ほどの耐熱容器1個分）

にんじんミックスジュース
… 200ml

Ⓐ 水 … 50ml
　粉ゼラチン … 小袋1包（5g）

🍴 **作 り 方**

1. 耐熱容器にⒶを入れて混ぜ、ふんわりラップをかけて電子レンジで30秒ほど加熱してゼラチンを溶かす。

2. ジュースを少しずつ加えて混ぜ、冷蔵庫で1時間ほど冷やし固める。

👆 **Point**

・飲むにはやや甘めの野菜・果物ジュースはゼリーにするとちょうどいい甘さになります。

・2でジュースを混ぜたら、プリン型や小さな器に分けて冷やしてもOK。

・ジュースの甘みがたりない場合は、砂糖小さじ1ほど加えても良いです。

・子ども1食分の目安は1/4量です。

**冷蔵
3日**
保存期間

水切りヨーグルトの
ブルーベリーソースがけ

🥄 **材 料**　（作りやすい分量）

【ブルーベリーソース】
冷凍ブルーベリー（またはミックスベリー）… 1/2袋（100g）
いちごジャム（低糖）
　… 大さじ1と1/2
　※ラズベリーなど、ほかのベリー類のジャムでも可

水切りヨーグルトクリーム
（P.116参照・または水切りしていないヨーグルト）
　… 適量
シリアル …（好みで）各適量

🍴 **作 り 方**

1. ブルーベリーソースを作る。耐熱容器に冷凍ブルーベリーを入れ、ラップをかけずに電子レンジで1分30秒ほど加熱し、ジャムを混ぜる。

2. 器に好みでシリアル、水切りヨーグルトクリームを入れ、1をかける。

👆 **Point**

子ども1食分の目安はシリアル約20g、水切りヨーグルト大さじ2、ブルーベリーソース大さじ1です。

**冷蔵
3日**
保存期間

❄ **14日**
冷凍可

※冷凍保存はブルーベリーソースのみ

本書でおすすめの調味料

調味料はできるだけ無添加のものを選ぶようにしましょう。
本書で使用した主な調味料をご紹介します。

基礎調味料

みそ
だしが入っていない国産原料を使用のもの。赤みそでも白みそでもよく、豆みそや米みそ、麦みそは好みで。減塩みその場合は味をみて調整してください。

しょうゆ
国産大豆で作られた「濃口しょうゆ」を使用。薄口しょうゆに比べて香りやコクがしっかりしています。国産原料を使用した天然醸造のものがおすすめです。

酢
塩や砂糖が添加されていない「純米酢」を使用しています。穀物酢でも良いですが、純米酢のほうが酸味がやさしく、子ども向けの料理に使いやすいです。

塩
昔ながらの製法で作られた粗塩を炒って、水分を飛ばしたもの。精製していないため、海水に含まれるにがりやミネラル分を多く含んでいます。

砂糖
精製せず、ミネラルなどの栄養分を残したやさしい甘みの「きび糖」や、「てんさい糖（ビート糖）」などがおすすめ。本書ではてんさい糖を使用しています。精製した砂糖には、上白糖やグラニュー糖、三温糖などがあります。メープルシロップなど液状の甘味料を使う際は、レシピの他の材料の水分を調整してください。

無塩のトマト加工品

トマトピューレ
トマトを裏ごしにして煮詰めているので、トマト缶よりも酸味がまろやかで子どもが食べやすい味わい。食塩無添加のものを選んで。余ったら冷凍保存を。

トマトジュース
食塩無添加の有機トマトを使用したもの。塩が入っているものだとレシピ通りの分量で作っても塩気が強くなるので、食塩の入っていないものを選んでください。

トマトペースト
トマトピューレをさらに煮詰め、ペースト状にしたもの。トマトの深いコクとうまみがあり、煮込み料理などに加えると、短時間の加熱でも奥深い味わいになります。

複合調味料

トマトケチャップ
有機トマトや有機玉ねぎを使用したものを選んでいます。有機トマトケチャップでも商品によって酸味や甘み、塩味が異なるので、お好みのものを選んでください。

マヨネーズ
アミノ酸を使わず、国産の卵と油を使用したものをセレクト。カロリーハーフの商品は人工甘味料が使われているものが多いので、子ども用には使用しないほうが安心。

中濃ソース
ソースは野菜や果物の甘みがあり、ウスターソースよりスパイスの辛みが少ない「中濃ソース」がおすすめ。アミノ酸や着色料を使用していないものを選んでいます。

油脂

バター
国産のバターを使用。有塩のものと無塩のものがありますが、本書のおかず作りには風味づけに使用する程度なので、有塩のもので構いません。

ごま油
ごまの風味が豊かな、ごま油100%の「純正」がおすすめ。ごま油には「調合ごま油」もありますが、こちらはごま油のほかに、別の油が配合されています。

オリーブオイル
有機原料を使用しているエクストラバージンオリーブオイル。オリーブの実を搾っただけのシンプルなオイルなので、仕上げに使うと香りも楽しめます。

米油
酸化に強く、保存性に優れている加熱向きの油。また、クセがなくサラッとしているので、菜種油同様に使えます。国産原料を使用しているものを選んでいます。

菜種油
遺伝子組み替え原料不使用のもので、圧搾（薬品を使わず圧力で搾る）製法のもの。一番搾りのものは純度が高く、手作りドレッシングに使っても口当たりが軽いです。

気をつけたい食品リスト

離乳食期に比べて食べられるものは増えますが、引き続き食品選びには注意が必要。気をつけたい食品や与えてもOKの目安を幼児食前期（1歳半〜2歳）と、幼児食後期（3〜5歳）に分けて紹介します。

体に負担がかかる濃い味や噛み切りにくいものは注意

幼児食期は噛む力や消化器官が未発達なので、主に次の8点に気をつけましょう。

① 塩分、糖分が多いもの
塩気の強いおかずや甘いお菓子など

② 脂肪分が多いもの
肉の脂身やバター、生クリームなど

③ 食物繊維が多いもの
消化しにくい玄米やたけのこなど

④ 誤嚥しやすいもの（P・17参照）
ミニトマトなど丸いものや粘り気の強いもの、噛み切りにくいものなど

⑤ 刺激が強いもの
辛いものや、においのきついものなど

⑥ 生もの
刺身や生卵など

⑦ 加工品、添加物
惣菜やウインナー、ベーコンなど

⑧ 食物アレルギーによるアナフィラキシーショックの可能性があるもの
そば、かに、ピーナッツなど

食品	1歳半〜2歳	3歳〜5歳	詳細
エネルギー源			
玄米	△	△	消化吸収がしにくいので、水を多めに入れて、やわらかめに炊きましょう。やわらかめなら1歳からOKですが、控えめに。
赤飯・おこわ	△	○	弾力があり、噛むのに力がいるので、奥歯が生えてからにしましょう。
もち	✕	○	のどに詰まらせる心配があるので、3歳頃からに。食べさせるときはやわらかくして小さくちぎりましょう。
ライ麦パン	△	○	食物繊維が多く消化にくいので、与えはじめは控えめに。かたいので薄く切ってあげましょう。
そば	△	○	食物アレルギーの出る可能性があるので、様子を見ながらあげましょう。
中華麺	△	○	油分を含み、弾力もあるので、食べさせるときはやわらかめにゆでて食べやすい長さに切りましょう。
ビーフン	○	○	米粉から作られる麺なので、1歳から食べさせて良い食品。湯でやわらかく戻し、食べやすい長さに切りましょう。
タンパク質源			
刺身	△	○	鮮度の良い、やわらかいものなら2歳頃から少量を食べさせてOK。
いか・たこ	△	○	噛み切りにくいので、奥歯が生えてしっかり噛めるようになってからに。
たらこ・イクラ	△	○	塩分が多いので、食べさせるなら少量に。
えび・かに	△	○	アレルギーに注意しましょう。噛み切りにくいので、1〜2歳代では小さく刻んであげましょう。
あさり	△	○	噛み切りにくいので、1〜2歳代では小さく刻んであげましょう。
うなぎ	△	○	皮は弾力があり小骨もあるので小さく刻んで。脂肪分が多く、かば焼きは味が濃いので控えめに。

食品	1歳半〜2歳	3歳〜5歳	詳細
かまぼこ・ちくわ	△	○	弾力があるので薄く切りましょう。塩分が多いので、分量に気をつけて。
干物	△	○	塩分が多いので、食べさせるなら少量に。ゆでこぼし、塩抜きすると◎。
厚切り肉	△	○	噛み切りにくいので、小さく切ってあげましょう。中までしっかり火を通します。脂身は高脂肪で噛み切りにくいので控えて。
ハム・ソーセージ	△	○	塩分や脂肪分、添加物の少ないものを選びましょう。1〜2歳代では食べやすい大きさに刻んであげましょう。
ランチョンミート・コンビーフ	△	△	塩分と脂肪分が多いので、食べさせるなら小さく切って少量に。
油揚げ	○	○	噛み切りにくいので1歳代では小さく刻んであげましょう。
生卵	✕	△	細菌感染の心配があるので、生で与えるのは避けたほうが良いでしょう。与えるなら3歳頃から。
チーズ	○	○	塩分と脂肪分が多いので、分量に気をつけて。かたまりのチーズはのどに詰まらせないように切りましょう。

ビタミン・ミネラル源

食品	1歳半〜2歳	3歳〜5歳	詳細
生野菜	△	○	生野菜の繊維は奥歯がないとすりつぶしにくいので、奥歯がないうちはさっとゆでるなど、食べやすいようにしてあげましょう。
きのこ類	○	○	繊維が多く噛み切りにくいので、細かく切ってあげましょう。
ミニトマト	○	○	丸飲みをしてのどに詰まらせることもあるので、小さく切ってあげましょう。皮は湯むきするとより食べやすくなります。
たけのこ	△	○	繊維が多いので、2歳頃からに。水煮のやわらかい部分を食べやすいように刻んであげましょう。
しょうが・にんにく	△	○	刺激が強いので少量を加熱し、風味づけ程度に使って。
こんにゃく・しらたき	△	○	弾力があるので噛み切りにくく、そのまま飲み込んでしまうことも。奥歯が生えてからにし、食べやすいように小さく切ってあげましょう。
切り干し大根	○	○	1歳代ではやわらかく煮て、細かく切ってあげましょう。
漬物	△	△	塩分が多いので、積極的に与える必要はありません。水洗いして塩気を減らし、少量を刻んであげましょう。
味つけのり	△	△	塩分が多いので、積極的に与えず、素焼きののりを使いましょう。食べさせるときは上あごやのどにくっつかないように細かく切って。
わかめ	○	○	噛まずに飲むと気管をふさぐ恐れがあるので、必ず小さく切りましょう。
ひじき	○	○	やわらかく煮て、食べやすい長さに刻んであげましょう。
キウイフルーツ	○	○	アレルギーに注意して。果物は糖分が多いので、あげすぎないようにしましょう。なるべく農薬が少ない、国産のものがおすすめです。
アボカド	○	○	脂肪分、食物繊維が多いので、食べさせるなら控えめに。
フルーツ（缶詰）	△	△	糖分が多いので、積極的に与える必要はありません。汁をきって水洗いすると◎。
ナッツ類	△	△	食物アレルギーに注意。噛み切りにくく、のどに詰まらせる心配もあるので、刻んだりすりつぶしたりしましょう。

調味料

食品	1歳半〜2歳	3歳〜5歳	詳細
塩・しょうゆ・みそ	○	○	使用するのは可。塩分は控えめを意識し、薄味を心がけて。

食品	1歳半〜2歳	3歳〜5歳	詳細
こしょう	△	△	刺激が強いので、使用する場合は風味づけ程度に、ごく少量にしましょう。
ソース	△	○	香辛料が多く味が濃いので、使うときは少量を意識して。
トマトケチャップ	○	○	味が濃く砂糖も含まれるので、使うときは少量を意識して。
マヨネーズ	○	○	原料に卵が使われているので、アレルギーに注意して。油分が多く味も濃いので、使うときは少量を意識して。
ドレッシング	△	○	油分が多く味が濃いので、使うときは少量に。添加物を含むものも多いので、手作りがおすすめ（P.58参照）。
みりん・酒	△	○	アルコール分が含まれているので、使う量は控えめに。必ず加熱してアルコールを飛ばしましょう。
オイスターソース	△	○	添加物を含むものも多く味が濃いので、使うときは少量にしましょう。
カレー粉	△	△	使用する場合は風味づけ程度に少量にしましょう。シナモンなどのスパイスも同様に。
酢	○	○	酸味が強くならないように使用量は控えめに。
わさび・練りがらし	✕	✕	刺激が強いので避けましょう。
豆板醤	✕	✕	刺激が強いので避けましょう。その他唐辛子を使用した調味料も同様に。
はちみつ・黒砂糖	○	○	「乳児ボツリヌス症」の心配があるので、1歳未満はNG。1歳半以降は様子を見て使用しても大丈夫です。

飲み物

食品	1歳半〜2歳	3歳〜5歳	詳細
緑茶・ウーロン茶	△	△	カフェインを含むので、水で薄めたものを少量にしましょう。
コーヒー・紅茶	✕	△	カフェインを多く含むので、3歳以降も飲ませないほうが安心です。
ココア	△	△	市販のミルクココアは糖分が多いので、飲ませるなら3歳以降に。ピュアココアはビスケットなどに少量入っている程度なら1歳から与えられます。
乳酸菌飲料	✕	△	糖分が多く、濃い甘みがクセになり虫歯の原因にもなるため、与える場合は3歳頃から控えめに。
果物ジュース	△	△	糖分が多いので控えめに。野菜ジュースは砂糖、食塩不使用のものを食事の補助的に用いる程度に。
炭酸飲料	✕	✕	糖分、添加物、カフェインなどが含まれ、刺激が強いので避けましょう。

その他加工品・嗜好品

食品	1歳半〜2歳	3歳〜5歳	詳細
菓子パン	△	△	糖分、油分が多いので、与えるときは糖分、油分が少ないものを少量に。
スナック菓子	△	△	塩分、油分が多いので、与えるときは薄味（子ども向け）のものを少量に。
チョコレート	△	△	糖分、脂肪分が多いので、できるだけ避けたほうが良いでしょう。
生クリーム	△	△	脂肪分が多く、ホイップクリームは糖分も多いため、与えるときは少量に。
グミ・キャンディ	✕	△	糖分が多く、虫歯の原因にもなるためできるだけ避けたほうが良いでしょう。与える場合はのどに詰まらせないように注意して。
アイスクリーム・シェイク	△	△	冷たいものは甘みを感じにくく、糖分の摂りすぎにつながります。高脂肪で添加物を含むものも多いので与えるときは少量に。

Index
食材別さくいん

メ＝メインおかず／サ＝サブおかず
①＝一品メニュー／ス＝スープ・汁物
主＝主食（ごはん・パン・麺）／お＝おやつ

PROFILE

中村美穂（なかむら・みほ）

管理栄養士、料理家。2児の母。保育園栄養士として給食作りや食育活動、食事相談などを手がけ、2009年に独立。料理教室「おいしい楽しい食時間」を主宰するほか、メディア監修やレシピ制作、調理、スタイリングなど幅広く活動。著書に『1歳半〜5歳　子どもと食べたい作りおきおかず』（小社刊）、『1〜3歳 発達を促す子どもごはん』（日東書院本社）、『きちんとかんたん離乳食』、『3歳からのからだを作るおべんとう』（ともに赤ちゃんとママ社）などがある。
おいしい楽しい食時間　https://syokujikan.com

STAFF

撮影／大見謝星斗（世界文化ホールディングス）
スタイリング／中村美穂
イラスト／吉田美穂子
装丁・本文デザイン／池田香奈子
校正／株式会社円水社
編集協力／池上裕美
編集／大友　恵
撮影協力／UTUWA

参考文献／
『はじめてママ＆パパの　すくすく幼児食』
（主婦の友社）

チン♪ できたよ〜

はじめてママとパパでもかんたん

1歳半〜5歳

子どもと食べたい レンチン作りおき

発行日　2021年5月25日　初版第1刷発行
　　　　2023年1月15日　　　第4刷発行

著者　　　　中村美穂
発行者　　　竹間　勉
発行　　　　株式会社世界文化ブックス
発行・発売　株式会社世界文化社
　　　　　　〒102-8195　東京都千代田区九段北4-2-29
　　　　　　電話　03-3262-6632（編集部）
　　　　　　　　　03-3262-5115（販売部）
印刷・製本　株式会社リーブルテック
DTP制作　　株式会社明昌堂

© Miho Nakamura, 2021. Printed in Japan
ISBN978-4-418-21308-5